MANIPOLAZIONE MENTALE

LA GUIDA ESCLUSIVA CHE RIVELA LE 6 SEGRETE ARMI DI PERSUASIONE PER ANALIZZARE LE PERSONE ATTRAVERSO UNA COMUNICAZIONE MAGNETICA DI 10 MINUTI

PIETRO MORETTI

DIEGO MONTI

I LIBRI DI PIETRO MORETTI

INDICE

COPYRIGHT © 2020 - PIETRO MORETTI

NOTA LEGALE

Le informazioni contenute in questo libro e i suoi contenuti non sono pensati per sostituire qualsiasi forma di parere medico o professionale; e non ha lo scopo di sostituire il bisogno di pareri o servizi medici, finanziari, legali o altri che potrebbero essere necessari. Il contenuto e le informazioni di questo libro sono stati forniti solo a scopo educativo e ricreativo.

Il contenuto e le informazioni contenuti in questo libro sono stati raccolti a partire da fonti ritenute affidabile, e sono accurate secondo la conoscenza, le informazioni e le credenze dell'Autore. Tuttavia, l'Autore non può garantirne l'accuratezza e validità e perciò non può essere ritenuto responsabile per qualsiasi errore e/o omissione. Inoltre, a questo libro vengono apportate modifiche periodiche secondo necessità. Quando appropriato e/o necessario, devi consultare un professionista (inclusi, ma non limitato a, il tuo dottore, avvocato, consulente finanziario o altri professionisti del genere) prima di usare qualsiasi rimedio, tecnica e/o informazione suggerita in questo libro.

Usando i contenuti e le informazioni in questo libro, accetti di ritenere l'Autore libero da qualsiasi danno, costo e spesa, incluse le spese legali che potrebbero risultare dall'applicazione di una qualsiasi delle informazioni contenute in questo libro. Questa avvertenza si applica a qualsiasi perdita, danno o lesione causata dall'applicazione dei contenuti di questo libro, direttamente o indirettamente, in violazione di un contratto, per torto, negligenza, lesioni personali, intenti criminali o sotto qualsiasi altra circostanza.

Concordi di accettare tutti i rischi derivati dall'uso delle informazioni presentate in questo libro.

Accetti che, continuando a leggere questo libro, quando appropriato e/o necessario, consulterai un professionista (inclusi, ma non limitati a, il tuo dottore, avvocato, consulente finanziario o altri professionisti del genere) prima di usare i rimedi, le tecniche o le informazioni suggeriti in questo libro.

PIETRO MORETTI

Pietro nasce a Roma il 18 Aprile 1983 e vive tutt'ora nella sua città natale.

Ama la vita semplice e scrivere è la sua passione. È sempre stato affascinato dal modo in cui le persone interagiscono con gli altri e con il resto del mondo; questo interesse lo ha portato a studiare i diversi fattori che influenzano le interazioni umane.

Con un master in psicologia si concentra nell'aiutare gli altri documentando il suo apprendimento personale e le sue esperienze attraverso i suoi scritti. Spera di condividere informazioni utili in maniera semplice con strategie facilmente applicabili nella vita di tutti i giorni.

Grazie ai suoi consigli molte persone hanno riscoperto i valori della vita e dell'ottimismo Pietro lavora continuamente per espandere le sue conoscenze frequentando seminari e facendo nuove conoscenze ogni giorno con altri professionisti. Quando non è impegnato a fare ricerche o a scrivere libri di sviluppo personale lo puoi trovare a godersi la vita all'aria aperta facendo escursioni sulle colline locali sempre pronto ad interagire con le persone con lo circondano.

INTRODUZIONE

Influenzare le persone è un'arte. Si tratta della capacità fondamentale di convincere qualcuno. Questa abilità può farti raggiungere grandi risultati sia sul lavoro che nella vita personale, ma bisogna conoscere alcuni trucchi per esercitarla.

Esiste un luogo comune secondo il quale viviamo in un mondo giusto perché abbiamo bisogno di credere che otterremo quello che ci meritiamo: i buoni saranno ricompensati e i cattivi puniti. Pensiamo ad esempio al nostro atteggiamento sul luogo di lavoro: siamo convinti che il nostro duro impegno prima o poi sarà riconosciuto e gratificato dai nostri dirigenti. Sono certo che ti è capitato almeno una volta nella vita di restare ore extra in ufficio per dimostrare di star facendo un ottimo lavoro.

Eppure, credere in un mondo giusto, ossia la convinzione secondo cui riceveremo in cambio ciò che ci spetta di diritto o per merito, si è dimostrata incredibilmente falsa. A questo proposito, nel 1965, Melvin Lerner, famoso professore di psicologia sociale, ha condotto una serie di esperimenti proprio al fine di svelare i meccanismi psicologici alla base di questo pregiudizio fallace.

È importante fare questa premessa perché la credenza in un mondo giusto risulta controproducente quando proviamo a costruirci una solida base di potere e molto probabilmente è proprio l'assenza di giustizia nel mondo il motivo che ti ha spinto ad iniziare la lettura di questo libro. È proprio perché il mondo non è un luogo governato dalla giustizia che stai cercando di equipaggiarti con strategie e tecniche che ti permettano di esercitare la tua influenza sugli altri ed ottenere il successo che ti meriti.

Dobbiamo quindi innanzitutto liberarci della convinzione di vivere in un mondo giusto, dove cioè i nostri sforzi vengano riconosciuti e ricompensati, sia che si tratti di lavoro che di una relazione.

È arrivato il momento di comprendere che ciò che conta veramente non è la nostra buona fede, il nostro grande impegno o la nostra competenza, bensì la capacità di convincere il nostro interlocutore. In breve, di manipolarlo.

In uno dei suoi esperimenti, Lerner riporta come lo studente vincitore di un premio monetario alla lotteria venga percepito automaticamente come più determinato e brillante nella carriera accademica rispetto agli studenti che avevano invece perso.

In un altro esperimento, una serie di partecipanti veniva fatta assistere ad una scena che aveva per oggetto una "vittima innocente", ovvero una giovane donna che durante un'attività educativa veniva punita con una scarica elettrica ogni volta che commetteva un errore. All'inizio, gli osservatori sembravano scioccati dalla sofferenza della vittima, ma con il tempo, data l'impossibilità di intervenire, gli osservatori tendevano a minimizzare la reale condizione di sofferenza della vittima ed accettarne il trattamento.

Il pregiudizio secondo il quale chi vince meriti la

vittoria e chi soffre meriti la sofferenza è la base della credenza in un mondo giusto, ma si tratta di un semplice meccanismo psicologico, e non di una verità.

Più interessante è invece la prospettiva di un mondo in cui il successo appartenga a chi riesce ad imporre la propria influenza attraverso strategie di potere vincenti, come quelle che stai per scoprire.

La mente umana è un mistero ancora largamente inesplorato, ma con questo libro avrai la possibilità di addentrarti nei suoi territori più reconditi e segreti.

Diventare un buon manipolatore può cambiarti la vita, e conoscere le tecniche giuste può aiutarti a raggiungere i tuoi obiettivi.

Questo arsenale di strategie può essere riassunto nelle sei armi segrete di persuasione, le quali ti permettono di:

1. Convincere gli altri a prendere decisioni che non avrebbero preso altrimenti.
2. Aumentare la probabilità di ottenere un'ampia base di consenso alle tue iniziative. In pratica, farti dire di sì.
3. Riuscire a vincere la resistenza degli altri in tempi record.
4. Prolungare il periodo di tempo in cui mantieni gli altri sotto la tua sfera di potere.
5. Creare un serbatoio di potere per continuare ad esercitare la tua influenza nel tempo.

In breve, la capacità di essere un buon leader, cioè una persona che può imporre la propria influenza e che è in grado di spostare le persone intorno a sé in una direzione o nell'altra.

Possedere questa capacità è certamente uno strumento che non ti può mancare; sapere come convincere gli altri, può risparmiarti discussioni e possibili incomprensioni, migliorando, senza dubbio, la qualità e la quantità delle relazioni sociali che hai. Le decisioni prese da sole fanno sentire le persone più coinvolte di quelle che vengono imposte. Questo è di grande importanza, perché una persona che sa come convincere è un esperto nel farti sentire che la decisione è stata presa da te, quando in realtà, in modo sottile, ti ha fatto prendere la decisione che lui voleva veramente, ecco che vediamo il ruolo importante che la persuasione gioca nella nostra vita.

Scopriamo come.

1

COME FUNZIONA LA MENTE UMANA

Si dice che la nostra mente lavora in funzione di fattori esterni e risponde con una reazione. Questa reazione può essere generata da qualcosa che vediamo, sentiamo, ascoltiamo, odoriamo o tocchiamo.

Queste conseguenze sono interpretate dal sé, dall'ego, e da una storia di esperienze. Pertanto, sono solo reazioni automatiche e difensive per la sopravvivenza.

La mente possiede varie capacità del cervello, che ci permettono di raccogliere informazioni, ragionare, creare conclusioni e agire.

Ecco perché conoscere il potere della mente umana è indispensabile per il nostro sviluppo e il raggiungimento degli obiettivi. Se impariamo ad allenarlo, sarà un pezzo fondamentale per il nostro successo nella vita. Tutte le persone che desiderano ottenere il loro massimo rendimento in qualsiasi campo, devono lavorare sul potere della loro mente per raggiungere i loro obiettivi.

Ricordati che le abitudini si generano nella mente; qualcuno che ha successo in un certo settore si allena costantemente, perché questo non si ottiene da un giorno all'altro, ma esercitandosi e facendo pratica. È questa dinamica che ti fa *acquisire* il livello sufficiente per raggiungere i tuoi obiettivi.

"Per acquisire potere in maniera efficace non devi diventare un'altra persona. Basta fare le stesse cose che fai già, ma in modo diverso e con una nuova strategia."

— *JEFF PFEFFER*

Tutti noi abbiamo punti di forza e debolezze. Il primo passo è identificare il tuo. Pensa a qual è il tuo asso nella manica quando cerchi di convincere qualcuno: Quale tratto della personalità metti in gioco?

Sei una persona che studia il suo pubblico prima di parlare?

Questo ti permette di creare una buona connessione con loro e permette al messaggio che vuoi condividere di essere ricevuto meglio.

Sei sicuro di te?

Mentre non è bene apparire aggressivi, non è nemmeno utile apparire timorosi, poiché le idee delle persone insicure appaiono difettose e poco convincenti quando vengono ascoltate.

Fai un buon uso del linguaggio del corpo?

Un buon uso del linguaggio del corpo cattura l'attenzione del pubblico e lo convince che quello che stai dicendo è vero. Nella persuasione, in molti casi è più importante come si dicono le cose a quello che si dice.

Sai ascoltare e accogliere altri punti di vista?

Se sai come accettare un punto di vista del tuo interlocutore, questo dimostrerà che sei una persona di mentalità aperta e disposta ad ascoltare, dimostrando che sei interessato al suo benessere.

Hai sempre un buon atteggiamento?

Questo è certamente di grande importanza, poiché gli esseri umani tendono a imitare il linguaggio del corpo dell'interlocutore che hanno di fronte. Quindi, se vuoi che la gente creda in te, dovrai sorridere e avere un buon atteggiamento durante la conversazione e l'altra persona comincerà inconsciamente a imitarti.

Ora pensa a una delle tue debolezze: prova a pensare alle strategie con cui gli altri ottengono il loro consenso o riescono a esercitare il loro potere. Cosa osservi nel comportamento degli altri che trovi difficile da imitare?

Sei positivo?

Ti fa sentire più fiducioso e sicuro, e quindi ti permetterà di generare un atteggiamento migliore nelle persone.

Sei empatico?

Mettersi nei panni di qualcun altro è senza dubbio un'arma a tuo favore, che ti permette di intuire le azioni o le emozioni del pubblico.

Sei un buon negoziatore?

Non dovrai cercare di convincere qualcun altro; quando cerchi di forzare gli altri ad essere d'accordo con te, non farai altro che rafforzare la loro posizione originale.

Riesci ad essere credibile?

La gente gravita di più verso coloro che sono genuini, perché sanno che ci si può fidare di loro. Essere sicuri di te stesso ti permetterà di provocare questo negli altri.

La vigilanza

La regola numero uno del buon manipolatore è la vigilanza, anche detta consapevolezza situazionale. Si tratta della consapevolezza che le cose attorno a noi cambiano molto velocemente. Ricordare questo principio ti permetterà di non farti mai sfuggire le cose di mano, non cadere vittima dell'influenza altrui e, viceversa, esercitare il tuo potere sulle persone.

Il cambiamento è un fattore di rischio solo se non siamo preparati ad affrontarlo: se ti ricorderai che niente di quello che vivi è permanente, ti metterai automaticamente in una posizione di vantaggio rispetto agli altri. Essere sempre vigili è la prima caratteristica del manipolatore vincente. Quando niente è dato per scontato, tutto diventa possibile.

Secondo Richard Anderson, amministratore delegato della Delta Airlines, esercitare il proprio potere sarebbe come guidare un aeroplano: per farlo, devi tenere alta la testa e sviluppare una consapevolezza situazionale di tutto ciò che succede attorno a te.

Fai caso alle caratteristiche delle persone che consideri molto influenti. Di solito, si tratta di individui che ostentano una grande sicurezza e una certa calma nell'articolare i discorsi, come se fossero capaci di tenere sempre tutto sotto controllo.

Si tratta proprio della consapevolezza situazionale. Questo concetto appartiene al campo dell'aviazione militare ma è ormai largamente usato anche all'interno del contesto relazionale, e può risultare molto utile non solo per esercitare il nostro potere sugli altri, ma anche per difenderci da attacchi di predatori esterni.

È una specie di legge della giungla: non possiamo mai considerarci veramente al sicuro dagli attacchi esterni, e questo gli animali selvaggi lo sanno benissimo! Nel nostro mondo industrializzato abbiamo dimenticato le regole della natura, ma è il momento di risvegliare l'istinto che è sepolto dentro di te. Stare sempre all'erta è il punto di partenza per ogni manipolatore professionista.

Allena la mente ad uno stato vigile, alla stregua di un samurai, e non ti troverai mai scoperto e non permetterai a nessuno di attaccare la tua sfera mentale. Al contrario, in situazioni delicate, sarai tra i pochi che potranno mantenere la lucidità.

Un esempio in cui si può vedere questa situazione può essere il seguente, stai facendo la tua corsa di routine ogni mattina, ma ad un certo punto decidi di cambiare il tuo solito percorso e prendere una nuova strada, sei così concentrato sulla musica che stai ascoltando e su quello che stai facendo, che non riesci a percepire che poche strade fa qualcuno ti ha seguito con l'intenzione di derubarti, purtroppo non accorgerti in tempo di questa situazione, non ti dà il tempo di evitarla.

Manipolazione comunicativa: la vaghezza

Siamo abituati a concepire la nostra attività mentale come una serie di pensieri e ragionamenti di cui siamo completamente coscienti. E se ti dicessi invece che la mente cosciente è solo la punta di un iceberg che affonda in un oceano inesplorato? L'oceano è il subconscio, ed è esattamente questo l'obiettivo a cui devi mirare se vuoi diventare un buon manipolatore. La persona che hai di fronte crede – così come forse credi tu stesso in questo momento – di essere il padrone delle proprie affermazioni e decisioni.

La verità è che esistono meccanismi psicologici profondi e largamente sconosciuti che invece guidano le persone in una direzione piuttosto che in un'altra. Conoscere questi meccanismi ti permetterà di padroneggiarli a tuo favore, evitando inoltre di cadere nelle trappole altrui.

Devi immaginare la mente conscia come un posto di blocco: qui è dove le tue parole potrebbero miseramente fallire nel loro intento ed essere rimandate a casa. Tuttavia, organizzandole strategicamente, riuscirai ad oltrepassare questa barriera.

Tecniche come la P.N.L. e il discorso ipnotico[1] permettono al tuo discorso di penetrare la frontiera della mente conscia ed arrivare direttamente nel subconscio del tuo interlocutore. Ma come?

Uno dei trucchi comunicativi del manipolatore esperto è la vaghezza. Per rendere il tuo discorso ipnotico la prima cosa che dovrai fare è lasciare dei buchi di significato nel tuo messaggio: in questo modo, la mente subconscia del tuo interlocutore potrà riempirli a suo piacimento. Questa tecnica rende l'ascolto di chi riceve il tuo messaggio completamente auto-referenziale, mettendoti in una posizione di netto vantaggio perché l'interlocutore, confortato dalle sue stesse proiezioni mentali subconscie, tenderà ad abbassare la guardia nei confronti delle tue affermazioni e si lascerà quindi manipolare dalle tue parole.

Per esempio, vuoi tenere a bada i tuoi genitori senza tuttavia litigare in merito ai tuoi piani per il futuro? Non scendere mai nei dettagli! Tenendo alto il grado di vaghezza dei tuoi discorsi ti garantirai un ampio margine di potere.

Innanzitutto, ciò metterà i nostri interlocutori in una condizione di inferiorità: non essere al corrente dei dettagli che si celano dietro i discorsi di un'altra persona ci rende molto vulnerabili. Allo stesso modo, tenere gli altri all'oscuro sui nostri pensieri o programmi ci permette di sfoggiare il nostro potere quando ormai quei programmi si sono attuati, generando così uno stato di sorpresa, incredulità e smarrimento in chi ci circonda.

In pratica, devi sempre celarti dietro un mantello di mistero e le tue parole dovrebbero rispecchiare questa vaghezza.

Prova a fare caso alla tua reazione istintiva: sei una persona emotiva, che tende a condividere i propri dubbi, pensieri, speranze e preoccupazioni? O sei forse una di quelle persone che non perde tempo in chiacchiere, passa direttamente all'azione senza chiedere mai il consiglio o il parere altrui?

Da questa risposta potresti ricavare il prossimo passo. Se sei di quelli che hanno sempre bisogno di un confronto e di un feedback, forse è il momento di capire che questa abitudine ti metterà inevitabilmente in una condizione di subordinazione.

Anche se non c'è niente di male nel chiedere il parere altrui, dovresti per prima cosa adottare l'abitudine di farne a meno. Ciò è giustificato dal fatto che gli altri faranno sempre in modo di imporre su di te la loro visione del mondo, e questo di per sé non è esattamente il consiglio che cerchi. Trovare persone disinteressate che possano e vogliano davvero darti un parere onesto e spassionato è quasi impossibile. L'egocentrismo umano rende ognuno di noi bisognoso di riaffermare la propria visione del mondo, e anche il consiglio che riceviamo sarà, nel migliore dei casi, il tentativo di affermazione di qualcun altro.

Detto questo, consapevole dell'inutilità del consiglio altrui, se ancora senti il bisogno di condividere i tuoi pensieri, ricordati che quanto più ricco di dettagli sarà il tuo discorso, tanto più potere perderai. Astenersi invece dal dare troppe informazioni al tuo interlocutore, applicando un principio di vaghezza ai tuoi discorsi, ti metterà su una specie di piedistallo agli occhi degli altri. È il classico meccanismo psicologico dell'uomo misterioso – la figura dell'introverso – del cui fascino molte donne tendono ad innamorarsi per poi cadere vittime della sua manipolazione emotiva.

Come regola di comunicazione, la vaghezza è vincente: sii parsimonioso rispetto alle storie che racconti. Sul luogo di lavoro, condividi poco della tua vita personale. In un rapporto, non credere che la sincerità assoluta sia sempre la chiave per risolvere tutti i problemi. Al contrario, quanto più bravo sei a mantenere uno spazio di vaghezza, tanto più facilmente potrai persuadere l'altra persona.

Manipolazione comunicativa: il discorso indiretto

Il secondo trucco comunicativo del manipolatore esperto è l'utilizzo del discorso indiretto. Se vuoi essere convincente e manipolare la mente del tuo interlocutore, devi assolutamente evitare il discorso diretto. Espressioni come «Ascoltami» o «Studia» saranno percepite dalla mente subconscia come imposizioni e aggressioni e quindi risveglieranno nell'altro un sentimento di difesa e rifiuto verso di te.

Invece, per indurre l'altra persona in uno stato di ascolto ipnotico, dovrai cercare di essere sempre molto rassicurante e conciliante. Potresti dare suggerimenti piuttosto che opinioni troppo schiette, evitando così di essere diretto. Questa tecnica ti permetterà di soggiogare l'altra persona, facendo in modo che penda dai tuoi amorevoli consigli. Tuttavia, lo farà non perché essi siano particolarmente veritieri, ma per il fatto di averglieli serviti su un piatto d'argento, proponendoglieli in maniera tale da fare breccia nella sua mente conscia arrivando dritto nel suo subconscio.

Ti suggeriamo qui di seguito alcuni espedienti linguistici che ti permetteranno di manipolare la mente altrui:

- Usa i verbi servili **potere** e **dovere** al condizionale prima del verbo principale (all'infinito): "*potresti* *andare a casa stasera*"; "*dovresti* *riuscirci*"; "*potresti* *provare a parlarne con me, se lo desideri*".

Sono espressioni senz'altro più complesse, ma ti permettono di sviluppare una rete di sicurezza attorno alle tue parole, perché l'interlocutore non percepirà il tuo tentativo di intrusione nella sua sfera di pensiero. Le tue parole potranno così penetrare in profondità nella mente di chi ti ascolta.

- Usa la forma ipotetica, come ad esempio: invece di "tieni un diario" usa la formula "se tieni un diario dei tuoi esercizi di ginnastica, potrai vedere i miglioramenti"; invece di "metti i soldi in banca" puoi dire "se mettessi i tuoi soldi in banca, forse ridurresti il rischio di perderli".

Anche questa forma del discorso mette te in una posizione di inferiorità che però è solo apparente, perché suggerisci un'ipotesi e non un'opinione diretta. In realtà, questa tecnica comunicativa crea in chi ti ascolta l'illusione di essere il padrone delle proprie idee: questo modo di esprimerti, utilizzando il "se…. allora…" aumenta di gran lunga il successo del tuo messaggio perché il tuo interlocutore non lo percepirà come una tua affermazione di potere, ma piuttosto come una conclusione a cui è arrivato da solo. O almeno, questo è quello che lui penserà.

- Usa la forma impersonale, come per esempio *"si può dire così"* invece di *"puoi dire così"*.

Anche con questo trucco imprimiamo una dose di vaghezza alle nostre parole. Il concetto fondamentale è che non deve mai trapelare la tua intenzione di inserire un'idea nella mente del tuo interlocutore. L'unico modo per riuscire in questa impresa è infatti proprio quello di nascondere il tuo tentativo tramite le strategie della comunicazione indiretta.

Se lasci all'altra persona lo spazio di cui ha bisogno, la

sua mente subconscia prenderà il sopravvento facendo il lavoro al posto tuo.

- Usa avverbi di dubbio: *forse, probabilmente, quasi.*

Vediamo alcuni esempi:

- Probabilmente non si troverà bene come te al lavoro.
- A quanto pare, i tuoi genitori non sono affatto contenti della nostra visita.
- Non credo che il tuo capo sarebbe d'accordo.

Far trapelare un certo grado di incertezza in modo strategico ti permette di manipolare la percezione del tuo interlocutore rispetto a quello che stai dicendo. Se affermi la tua opinione in modo chiaro ed inequivocabile, susciterai scetticismo o quantomeno perplessità. Invece, incorporando una dose di incertezza a quello che dici, anche quando ne sei in realtà fermamente convinto, aggiungerai autorevolezza alla tua opinione agli occhi degli altri e li convincerà molto di più delle tue parole.

Sembra un paradosso, ma è esattamente così. Ti invito a provare tu stesso queste tattiche comunicative per comprovarne l'efficacia.

P.N.L. e il potere della mente

La programmazione neurolinguistica (P.N.L.) è una disciplina che nasce negli anni '70 in California come derivato scientifico delle tecniche psicoterapeutiche della Gestalt.

Questa disciplina si propone di trovare il modo di trasferire la conoscenza tacita di soggetti *high-performer* a terzi. In altre parole: ognuno di noi riesce a raggiungere con estrema facilità una serie di risultati in ambiti in cui siamo molto competenti, ma se cerchiamo di spiegare agli altri come facciamo spesso non sappiamo come fare e diciamo cose come «Mi viene naturale».

La P.N.L. si occupa di colmare questa lacuna: studiando le regole implicite della sintassi e della struttura del linguaggio, questa disciplina non si occupa del contenuto del messaggio ma del modo in cui questo viene elaborato per ottenere risultati desiderabili.

Il primo libro pubblicato sulla P.N.L. si intitolava "La struttura della magia". Questo dovrebbe farci riflettere: dietro l'incredibile potere di persuasione di abili comunicatori, politici e leader, in realtà esiste uno schema che si può imparare.

Il linguaggio non verbale e il tono della nostra voce sono strumenti che dovremo assolutamente impiegare per enfatizzare alcune parole chiavi del nostro messaggio e arrivare così nel subconscio del nostro interlocutore.

Ad esempio, durante un tuo discorso potresti mettere una mano sulla spalla di chi ti ascolta e fare una pausa per sottolineare l'importanza di quello che hai appena detto.

Anche il contagio emotivo è un altro aspetto da non sottovalutare durante la comunicazione.

Ti sarà già capitato di trovarti in presenza di qualcuno molto allegro e di esserti sentito contagiato da questa persona in modo positivo. Viceversa, quando ci troviamo in presenza di persone estremamente angosciate, questa negatività ci tira giù.

Se vuoi davvero convincere qualcuno, facendolo nel minor tempo possibile, dovresti riuscire sempre a dissimulare stati di ansia, depressione o tristezza. Il contagio emotivo è un fenomeno comprovato psicologicamente, quindi tienine conto. Come un vero samurai, dovrai essere impassibile: controllare le tue emozioni e la tua mente è essenziale per non provocare effetti collaterali durante la tua comunicazione.

Una situazione in cui si può vedere una buona gestione della PNL, è nelle vendite, perché dico questo? Perché un buon venditore è una persona che ha eccellenti capacità di comunicazione, e questo è praticamente ciò che ci dà la programmazione neurolinguistica. Questo ha diverse tecniche che permettono di creare un canale perfetto tra te e l'interlocutore, aumentando le possibilità di ottenere l'obiettivo, di vendere.

Se sei un venditore, metti in pratica questo strumento, presta attenzione a ciò che il tuo cliente vuole trasmettere, ascolta di più e parla di meno, questo ti permetterà di sapere veramente qual è il bisogno del tuo cliente e quindi essere in grado di soddisfarlo; saprai anche quanto è ricettivo di fronte a te, se mostra segni di dubbio o sfiducia, questo ti porterà un passo avanti e saprai come agire per raggiungere il tuo scopo.

---

1. (1 James, R. (2017). PNL. Parole ipnotiche: Scegli e usa le parole più efficaci per la tua comunicazione persuasiva.)

2

I SEGRETI PER DIVENTARE UN BUON MANIPOLATORE

Quando si sente la parola manipolazione è probabile che i primi nomi che vengono in mente sono: Charles Manson, Benito Mussolini, Augusto Pinochet, Francisco Franco Bahamonde e persino Adolf Hitler, lasciando da parte i loro indispensabili scagnozzi che sarebbero responsabili quanto i protagonisti stessi di esercitare queste azioni. Uno di loro era Joseph Goebbels, responsabile della gestione, espansione e rinascita dell'ideologia nazista e di tutte le informazioni che comprendeva, occupando la posizione di Ministro dei Lumi e della Propaganda.

Joseph Goebbels fece uso di diversi metodi per manipolare l'informazione, creando diverse regole e principi che diede ai cittadini sottoposti al regime nazista. Azioni come l'individualizzazione e il raggruppamento degli oppositori, la creazione di elementi artificiali ma credibili che confondevano e focalizzavano l'attenzione, distogliendola dalle notizie reali; le minacce che generavano paura e mettevano a tacere le opinioni e le azioni degli oppositori, l'incentivo costante a generare odio e ripudio verso diversi settori della popolazione, soprattutto verso gli ebrei, e così rafforzare il suo regime, attraverso la manipolazione.

Ma non è necessario essere un dittatore o un leader politico per essere un manipolatore; chiunque può sviluppare ed esercitare questa caratteristica indipendentemente dal suo ruolo nella vita, che sia un amico, il tuo partner, il tuo capo, un genitore, ecc.

Di solito il manipolatore cerca persone di basso profilo come abbiamo già visto, ma sarebbe ironico non pensare che un bersaglio importante, non provocherebbe interesse in esso; detto questo nessuno è esente dal cadere nella sua trappola, a meno che non ci si prepari e ci si armi di strumenti per riconoscerli ed evitarli, o per essere te ad esercitare la manipolazione, se è questo che vuoi.

Tieni presente che, per raggiungere questo obiettivo di manipolazione, una persona può apparire come qualcun altro, al fine di persuaderti e convincerti.

È qui che si vede l'importanza della comunicazione, capita che nel momento in cui devi comprare per esempio una scatola di biscotti, te li scelga in base alla confezione, il che dimostra che a volte il marketing di un certo prodotto è più importante della sua effettiva qualità. Basta dare un'occhiata al tuo feed di Instagram per capire che il modo in cui comunichiamo le nostre storie è, il più delle volte, più importante della storia stessa. Così, abbiamo deciso di fornirti una prima mappa per organizzare il tuo pitch in modo efficace: se vuoi che gli altri ricordino le tue parole e comprino quello che stai dicendo, ecco cosa devi fare.

"Il marketing non è più una questione di ciò che sai produrre, ma di quali storie sai raccontare"

— *SETH GODIN*

Dopo una ricerca accademica sul perché le leggende urbane risultino così credibili e durature, due studiosi americani (Heath & Heath) hanno elaborato una guida pratica alla persuasione in cui vengono elencati gli elementi fondamentali che qualsiasi discorso deve avere per convincere un interlocutore.

Puoi utilizzare questa lista per la tua prossima presentazione in pubblico, al lavoro, o se vuoi fare un discorso indimenticabile che convinca qualcuno. Gli autori usano l'acronimo S.U.C.C.E.S. per ricordare ogni elemento di questa strategia:

Simplicity (Semplicità)
Unexptectedness (Sorpresa)
Concreteness (Concretezza)
Credibility (Credibilità)
Emotions (Emozioni)
Stories (Stories).

Come vedi, non si tratta di regole complesse, ma semplicemente delle caratteristiche che ogni messaggio efficace deve avere. Eppure, metterli in pratica non è così immediato come potrebbe sembrare. Ti invito a fare degli esperimenti tu stesso.

Se vuoi convincere qualcuno, ecco come devi strutturare il tuo discorso:

1. Mantieni il tuo messaggio semplice
2. Aggiungi elementi che sorprendano il tuo interlocutore, qualcosa di sconosciuto che non sappia già.
3. Usa elementi concreti, evitando teorie astratte.
4. Sollecita le emozioni del tuo interlocutore.
5. Racconta delle storie.

Vediamo un esempio.

Sei alla presentazione di un progetto per alcuni importanti clienti dell'azienda in cui lavori, cerchi di convincerli con la seguente frase: Potete vedere che, come ho detto prima, queste disposizioni ci faranno risparmiare il 30% di spese, quindi, è necessario approvare il nuovo progetto che sicuramente ci aiuterà a migliorare e recuperare ciò che è stato perso.

In questa situazione stai dando un messaggio semplice, usi cifre concrete che ti danno un sostegno e generano emozioni di gioia ed entusiasmo, arrivando poi a sottolineare il risparmio e il recupero delle perdite.

Puoi usare tutte o solo alcune di queste tecniche per strutturare il tuo discorso. Riuscirai a convincere gli altri anche usando solo alcuni di questi trucchi, ma senz'altro usando ognuno di essi aumenterai le tue probabilità di essere persuasivo.

Pensa a quelle volte che ti è capitato di parlare di un argomento che hai studiato per mesi, se non anni. Sei ovviamente un esperto del tema, ma il più delle volte, i dettagli della tua stessa conoscenza finiscono per imbrigliare il tuo discorso. Tenere a mente la tecnica di persuasione S.U.C.C.E.S. ti permetterà di organizzare il tuo messaggio in maniera convincente ed efficace, e non solo al lavoro.

Imparare a strutturare i tuoi ragionamenti sugli elementi di semplicità, concretezza, credibilità, emotività e storytelling dovrebbe diventare la base di tutte le tue conversazioni. Una specie di allentamento alla persuasione che puoi mettere in campo quando vuoi per convincere qualcuno delle tue idee.

Ciò ti trasformerà in un ottimo comunicatore, e questo non ha niente a che fare con il contenuto del tuo discorso, ma dipende invece dalla tua capacità di pronunciarlo nel modo giusto.

Le sei armi segrete di persuasione

"Leadership: l'arte di riuscire a far fare a
qualcuno quello che tu vuoi perché lui
lo desidera."

— *D.D. EISENHOWER*

Una buona parte delle abilità del leader si apprende. Esistono tecniche e modalità che ci aiutano a gestire meglio lo stress e la tensione, la nostra performance comunicativa e gli effetti delle nostre parole su chi ci sta di fronte. Ecco le sei armi segrete di persuasione a cui dovresti sempre fare riferimento nella tua opera di convincimento.

1. **L'importanza strategica della generosità**

"Il dono si porta dietro necessariamente la nozione di credito.
È da un sistema di doni, dati e ricambiati a termine, che sono
sorti da una parte, il baratto, e dall'altra, il prestito"

— *M. MAUSS*

Siamo stati abituati a credere che la generosità consista nel praticare l'altruismo senza mai aspettarci niente in cambio. In sostanza, agire in maniera del tutto disinteressata. Ebbene, ti chiedo adesso di pensare a qualche occasione in cui ti è capitato di ricevere un dono che non ti aspettavi: può trattarsi di un gesto, un oggetto, o un complimento. Come ti sei sentito? Qual è stata la tua reazione istintiva?

Ricevere un dono ci mette automaticamente in una posizione di inferiorità, perché ci sentiremo automaticamente obbligati a contraccambiare. Ci sentiamo in debito. Ricevere un favore, un consiglio, o anche un dono materiale non richiesto è senz'altro una tentazione. Chi non si sentirebbe lusingato o sedotto da regali, pareri e offerte di aiuto. Eppure, il buon manipolatore sa che queste sono tattiche di dominio a cui sarebbe bene sottrarsi e, allo stesso modo, riconosce il potere dell'elargire doni, consigli e favori, e potrà usarlo a suo favore.

Si tratta di una tecnica estremamente efficace, perché chi riceve il gesto di generosità si sentirà lusingato, obbligato in una relazione di reciprocità a cui non potrà sottrarsi. Avremo quindi fatto presa sul nostro bersaglio in maniera efficace.

1. Usare l'ego delle persone a nostro vantaggio

"Solo i morti e gli stupidi non cambiano mai opinione"

— *JAMES RUSELL LOWELL*

La mente è un mistero complesso, ma ci sono dei tratti

della natura umana che tendono a ripetersi e riaffermarsi. Uno di questi è la centralità che le persone conferiscono al proprio ego, ossia a sé stessi. Abbiamo visto l'importanza di scegliere le parole giuste per lasciare dei vuoti di comunicazione nel nostro discorso e creare un effetto ipnotico nel nostro interlocutore. Abbiamo descritto inoltre la vaghezza e il discorso indiretto come le tecniche fondamentali di comunicazione manipolativa per far sì che il nostro interlocutore non si senta invaso dalla nostra presenza, ma creda anzi di essere lui stesso a scegliere e decidere cosa pensare o che azioni intraprendere.

Adesso faremo di nuovo appello all'egocentrismo che caratterizza la natura umana per ritorcerlo contro il nostro interlocutore. Come vedi, per diventare un esperto manipolatore, non devi fare nulla di nuovo: ti basterà conoscere le caratteristiche di chi ti circonda e usarle strategicamente a tuo favore.

Ti sorprenderai nel constatare quanto le persone odino cambiare opinione. Nonostante molti concorderebbero sul fatto che non c'è niente di male nel cambiare idea, in realtà nella pratica questo avviene molto raramente. Le persone si sentono messe in discussione dal cambiamento e tendono a confidare in decisioni prese in passato, opinioni che hanno di loro stesse o reputazioni da difendere.

Accetteranno inevitabilmente tutto ciò che può evitare loro la fatica di pensare, porsi dei dubbi o avere paura di essere giudicati negativamente.

La tua seconda arma vincente come manipolatore consiste nell'ottenere la parola del tuo interlocutore su qualcosa, o il suo consenso. Per raggiungere il tuo scopo, una buona capacità retorica potrebbe venire in tuo soccorso, facendo uso delle tecniche viste in precedenza. Una volta guadagnato il consenso della persona di fronte a te, sarà difficile che questa cambi idea e potrai sempre lusingarla con dei doni (abbiamo visto in precedenza l'importanza strategica della generosità) per ottenere in cambio un impegno di massima.

In questo modo, vincolerai il tuo interlocutore a sé stesso e al suo orgoglio cosicché il suo egocentrismo gli impedisca di venir meno alla parola data.

1. **Il gregge**

"Chi viene eletto principe col favore popolare, deve conservare il popolo come amico."

— *NICCOLÒ MACHIAVELLI*

Hai mai fatto caso all'inizio di una performance di un artista di strada? Se ti capiterà di passarvici vicino, noterai che per prima cosa riempirà lui stesso il proprio cestello con una banconota o con qualche moneta, strategia utilizzata con la speranza di invogliare i passanti a lasciare qualche spiccio. La tecnica è semplice e si basa sul concetto della convalida sociale: la maggior parte delle nostre decisioni di basano su quelle di qualcun altro. In poche parole, basta vedere qualcun altro fare una certa cosa e automaticamente la faremo anche noi. Per formarci un'opinione su un certo argomento, preferiremo quasi sempre fidarci dell'opinione di qualcuno che stimiamo piuttosto che prenderci la briga di andare ad investigare la faccenda noi stessi.

È il vecchio concetto di gregge secondo cui "se lo fanno tutti, un motivo ci sarà".

In realtà, è solitamente il contrario: non c'è un vero motivo dietro queste azioni. Il fatto che un atteggiamento o un'opinione siano adottati in gruppo non è assolutamente una garanzia. Eppure è così che funziona, e da bravi manipolatori possiamo approfittare di questa caratteristica della natura umana.

Ad esempio, guadagnarci il favore anche solo della metà dei componenti di un gruppo ci garantisce già un ampio vantaggio anche sugli altri membri.

Nel contesto delle relazioni familiari, sarà bene creare alleanze di potere e barricarci dietro ad esse. All'interno di una relazione sentimentale, il bravo manipolatore si aggiudicherà la fiducia e l'ammirazione delle persone più vicine al proprio partner: genitori, familiari, amici stretti. Una volta convalidata la tua reputazione in questi circoli, guadagnerai un potere sostanziale nella relazione stessa.

Basterà mostrarti gentile, disponibile e generoso, oppure semplicemente spiccare per simpatia. Se sei invece un tipo un po' più chiuso, cercare di evitare situazioni conflittuali dovrebbe essere sufficiente.

Come regola generale, il manipolatore deve imparare l'arte della diplomazia e garantirsi sempre una base minima di consensi.

1. **Piacere e ispirare simpatia**

"Piacere agli altri è il primo passo per arrivare a persuaderli"

— *LORD CHESTERFIELD*

Potrà sembrarti strano, ma alle volte proprio chi risulta il più simpatico del gruppo può rivelarsi un esperto manipolatore. La simpatia non è necessariamente sinonimo di spontaneità. Prova a ragionarci: un bravo manipolatore otterrà qualcosa in cambio della sua simpatia, cioè, solitamente, la fiducia del suo interlocutore.

Quindi, se vuoi preparare il terreno e farti dire di sì al

lavoro o nella vita personale, una delle armi più potenti che hai a tua disposizione è la simpatia. Strappare un sorriso o generare allegria sono ottimi strumenti di manipolazione. Grazie alla tua simpatia e a qualche battuta ben riuscita, le persone saranno più disposte a starti a sentire o a rispettare la tua opinione, i tuoi colleghi vorranno sempre invitarti ovunque e ti guadagnerai una reputazione inattaccabile.

La stessa cosa vale nelle relazioni personali. Uno dei modi più semplici per risultare simpatico è l'adulazione, una tecnica che i Romani chiamavano ***captatio benevolentiae***. Questa consiste nell'individuare nell'altra persona elementi su cui fare leva all'interno del nostro discorso per ingraziarci i suoi favori. Puoi spaziare dai semplici complimenti sull'aspetto (nelle relazioni di coppia questa è la prima mossa del manipolatore esperto) per poi andare sempre più in profondità man mano che il tuo interlocutore rivela dettagli della sua vita. Hobbies, passioni, esperienze passate: tutto può esserti utile per fare breccia e aprirti la strada. Ad esempio, si consiglia di iniziare un colloquio di lavoro con una battuta rompighiaccio già preparata in precedenza, magari cercando su LinkedIn dettagli del sul tuo interlocutore che potrebbero metterlo in relazione con te (aver frequentato la stessa scuola, una conoscenza in comune, ecc.).

Naturalmente, la simpatia vera e propria, quella insomma che genera intorno a noi allegria e risate, va esercitata.

Se ti stai chiedendo come risultare simpatico, puoi partire memorizzando qualche battuta divertente, studiare attori comici a cui ispirarti o addirittura iscriverti ad un corso di teatro. Le relazioni umane sono un palcoscenico costante e adottare la prospettiva dell'attore anche nella vita ti darà un indiscutibile vantaggio.

Se proprio la simpatia non è il tuo forte, ricordati che

anche il bell'aspetto è una caratteristica che ti permetterà di manipolare gli altri a tuo piacimento. Essere sempre curato, attento alla bellezza esteriore e con uno stile ben studiato susciterà interesse in coloro che ti circondano e li metterà in soggezione. Se non hai ti sei mai soffermato a riflettere sulla maniera in cui ti presenti esteticamente, forse sapere che ti aiuterà a dominare l'opinione altrui potrà farti cambiare idea.

Un pizzico di originalità è sempre benvenuto (ma senza mai esagerare), perché di certo il buon manipolatore non vuole uniformarsi alla media.

Quindi, sia che tu usi l'arma della simpatia o quella dell'eleganza, l'importante è che tu piaccia agli altri. Non per narcisismo, ma per una semplice regola di potere: se gli altri sono attratti da te e pendono dalle tue labbra, potrai dire loro quello che vuoi.

1. **Sicurezza sempre e comunque**

"Fake it until you make it"

Le persone sono automaticamente disposte a credere a qualcuno che ritengono un'autorità. Qualunque cosa tu faccia, ricordati che si vendono prima le scatole e poi i biscotti. Ciò significa che devi sempre mostrarti estremamente sicuro di te, una vera e propria autorità nel tuo ambito professionale ma anche nelle tue relazioni.

Una regola d'oro è non condividere mai le tue perplessità. Lo avevamo già detto all'inizio: mantenere una grande vaghezza comunicativa ti permetterà di soggiogare il tuo ascoltatore.

In pratica, non devi mai mostrare il fianco scoperto. Ricorda, ogni confessione o apertura ti farà perdere potere, non dovrai mai farti prendere dall'emotività e dovrai invece ragionare freddamente ogni volta che condividi qualcosa con qualcuno, soprattutto sul lavoro, perché recuperare terreno può costarti molto caro.

Viceversa, non dovrai mai sentirti in soggezione, paragonarti a qualcuno svalutando te stesso a vantaggio degli altri o, in generale, sentirti insicuro.

Per qualcuno sembrerà un'impresa impossibile, eppure è anche questa una tecnica a cui potrai con il tempo abituarti. Per guadagnare fiducia in te stesso puoi fare una lista di tutti i tuoi punti di forza, allontanare le persone che sminuiscono il tuo potenziale e praticare tecniche meditative per controllare la tua mente, la quale, in fondo, è l'unica vera responsabile della tua autostima.

Una volta che avrai guadagnato una solida base di fiducia in te stesso, non dovrai fare altro che ostentarla ed imporla sugli altri, sempre e senza eccezioni.

Ricorda anche che una proiezione mentale crea un nuovo tipo di realtà. In pratica questo significa che anche se non sei ancora diventato una persona sicura, il fatto di dire a te stesso che lo sei provocherà già un grande cambiamento. Improvvisamente, ti autoconvincerai di una nuova verità, e la realtà seguirà la tua convinzione. La mente è potente e dovresti sfruttarla a tuo piacimento.

1. **Il potere della scarsezza**

I dipartimenti di marketing di tutto il mondo applicano quotidianamente questo principio, e anche il buon manipolatore dovrebbe farlo proprio.

Se sappiamo che un certo prodotto è in esaurimento, avremo molta più voglia di acquistarlo. *"Ultimi posti disponibili"* oppure *"fino ad esaurimento"* sono frasi che provocano in noi l'ansia dell'acquisto. Eventi di marketing mondiale come il Black Friday e il Cyber Monday fanno leva esattamente su questo impulso emotivo: la corsa agli acquisti tipica dei saldi in realtà può risultare una grande truffa se non riusciamo a dominare le nostre reazioni emotive.

Un buon manipolatore deve tenere sempre il proprio bersaglio in uno stato emotivo simile a quello dell'acquirente durante i saldi. La manipolazione avviene quando il nostro interlocutore ha la sensazione che potremmo sfuggirgli di mano da un momento all'altro. Il nostro partner non dovrà mai sentirsi sicuro al cento per cento: da bravi manipolatori, terremo sempre il nostro partner in uno stato di allerta. Sapere che potrebbe perderci da un momento all'altro, lo metterà in una condizione di inferiorità evidente.

Allo stesso modo, sul luogo di lavoro dobbiamo sempre essere in grado di sederci al tavolo della negoziazione con le carte vincenti in mano. Il nostro interlocutore deve sentire che potrebbe perderci se non riconoscesse il nostro valore, ma per far sì che questo accada dobbiamo essere noi stessi i primi a credere immensamente in noi stessi in quanto merce rara.

Da un punto di vista relazionale, il vecchio detto dice "In amore vince chi fugge", concetto che, almeno in parte, corrisponde alla sesta arma di persuasione: mantenere una distanza significativa e far sentire l'altro sempre sull'orlo dell'incertezza è una tattica vincente.

Inserire idee nella mente delle persone

Le idee sono come dei semi: vanno piantate e coltivate. Ecco che con la pazienza adeguata e il controllo delle sei armi segrete di persuasione puoi facilitarti questa missione solo apparentemente impossibile.

Il ritmo del tuo messaggio è fondamentale: parlare con un tono di voce troppo incalzante provocherà frustrazione nel tuo ascoltatore, mentre un tono lento e metodico rassicurerà e produrrà sicurezza.

Tuttavia, oltre al ritmo delle tue parole, esiste un'altra tattica che il buon manipolatore può adottare, cioè sfruttare le debolezze di chi hai di fronte a tuo vantaggio. In questo senso, dovrai trasformarti in un ottimo osservatore e ascoltatore, decifrare immediatamente quali sono i punti deboli del tuo cliente o del tuo partner, e far sempre leva su quelli per vendere il tuo prodotto o inculcare la tua idea nella loro mente.

In una relazione sentimentale di tipo manipolativo, per esempio, il manipolatore rinfaccerà alla vittima episodi, atteggiamenti o errori del passato per metterla in uno stato di colpevolezza e fragilità, imponendo in questo modo la propria autorità. A quel punto, introdurre idee, consigli o addirittura decisioni nella mente della vittima sarà facilissimo, perché questa si trova assolutamente sprovvista di indipendenza mentale ed emotiva per fare resistenza ad intrusioni esterne.

Nonostante questo tipo di dinamiche non sia da condonare, in generale, è vero che per avere successo nella tua opera di convincimento tu debba fare leva sulla sfera emotiva del tuo bersaglio. È qui infatti in genere che si è più vulnerabili ed è in questo modo che puoi far breccia nella mente altrui.

Nei rapporti lavorativi, il buon manipolatore sarà indiretto, menzionerà la propria proposta con estrema nonchalance, probabilmente dopo una battuta ben riuscita o qualche complimento.

Innanzitutto, però, devi costruire un terreno fertile: cosa piace al tuo collega o al tuo manager? Quali sono gli aspetti della sua sfera personale che ha più a cuore?

Poi, una volta che hai scoperto quali sono i punti su cui puoi lavorare, devi lentamente costruire una relazione di fiducia attraverso le sei armi di persuasione.

Solo dopo avere di fronte a te il giusto grado di apertura, dovrai affondare il colpo di grazia, probabilmente con ottimi risultati.

DIFENDERSI E USCIRE DALLA MANIPOLAZIONE

Siamo abituati a concepire la violenza come qualcosa di fisico, un fenomeno alla luce del sole e che non può passare inosservato. Invece, esiste un tipo di violenza molto più subdolo, pressoché invisibile, ed è la violenza psicologica. Per riconoscerla, dobbiamo allenarci e, per difenderci da essa, attrezzarci con le dovute misure di protezione. È però possibile liberarci da una situazione di manipolazione mentale qualora dovessimo trovarci nella condizione di vittime.

Il primo mito da sfatare è che la manipolazione mentale sia un processo consapevole nella mente del manipolatore. Purtroppo, nella maggior parte dei casi, è vero il contrario. Addirittura, potresti essere tu stesso un manipolatore esperto senza essertene mai davvero reso conto. O, se stai cercando di imparare delle tecniche perché non le possiedi già, è bene anche che tu sappia difenderti dagli attacchi esterni, e il primo passo per farlo è capire che il manipolatore mentale non è necessariamente una persona malintenzionata.

Spesso sono proprio le persone più vicine a noi da un punto di vista affettivo che possono, deliberatamente o meno, soggiogarci e invischiarci in dinamiche tossiche grazie alla manipolazione mentale. Vuoi un esempio?

Molto spesso ti sarà capitato di subire ricatti emotivi più o meno espliciti: «Se mi vuoi bene, allora farai come ti dico io» è la tipica frase pronunciata da un genitore al proprio figlio; «Se mi ami, dimostramelo», invece, è il classico motto del fidanzato arrabbiato. Entrambi questi esempi dovrebbero essere sufficienti a farti capire quanto sia facile cadere vittima delle dinamiche manipolative.

La regola numero uno da ricordare per difenderti da queste trappole è che la manipolazione mentale fa leva sul senso di colpa. Devi quindi innanzitutto lavorare su te stesso per capire che il senso di colpa è solo una rete in cui puoi inciampare, ma non ha niente a che fare con la tua condotta. È piuttosto un tranello che un abile manipolatore può sfruttare a suo vantaggio.

Quindi, regola numero uno: il senso di colpa non ha motivo di esistere. Se tendi a sentirti in colpa, cerca di rafforzare la tua autostima o la tua imperturbabilità di fronte alle pretese altrui. Solo così sarai immune dai ricatti emotivi e dai tentativi di manipolazione.

Difendersi dalla manipolazione affettiva

La manipolazione affettiva è quel tipo di manipolazione che avviene all'interno di un rapporto affettivo. Si tratta di una trappola in cui possiamo cadere come vittime e da cui sarà estremamente difficile liberarci, perché di solito si associa a relazioni di tipo tossico e verso le quali sviluppiamo una dipendenza a tutti gli effetti.

Ecco come fa il manipolatore emotivo a soggiogarci al suo gioco di potere.

Il manipolatore esperto utilizzerà tecniche di calibrazione, il che significa che studierà i nostri movimenti, gesti, posizioni e addirittura la nostra mimica per poi, in un secondo momento, rispecchiarla simmetricamente a nostro svantaggio. Dopo essersi garantito un terreno di fiducia ed essersi così inserito nel nostro subconscio, il quale riconosce atteggiamenti e movimenti che ci sono familiari proprio per il fatto di essere nostri (!), il manipolatore può procedere ad inserire nuovi atteggiamenti.

Ad esempio, per ottenere fiducia un manipolatore esperto può concedere la propria in attesa di ricevere la tua in cambio. Ecco quindi per te un'altra regola d'oro: concedi la tua fiducia a minime dosi.

Inoltre, tieni a mente le tecniche di rispecchiamento che un manipolatore potrebbe adottare mentre si relaziona con te. Prova ad osservare le persone che ti circondano e i loro atteggiamenti, e prova a notare quando qualcuno rispecchia i tuoi. Se ti accorgi di un inizio di tecniche manipolative, allora sai già che devi alzare le difese.

Come gestire gli stati d'animo

Un aspetto fondamentale per difendersi dalla manipolazione è quello di avere il controllo su sé stessi. Per fare ciò, ti consiglio di adottare le seguenti abitudini:

- Impara a meditare. Bastano 5 minuti al giorno durante cui sedersi in silenzio in una posizione comoda, ascoltare il tuo respiro e osservare i tuoi pensieri mentre si sviluppano nella tua mente, senza cercare di reprimerli o cacciarli. Con il tempo puoi provare ad aumentare i minuti di meditazione, impostando un timer di 15 o 20 minuti dall'inizio della pratica per rilassarti completamente. La meditazione è la palestra del tuo atteggiamento nel mondo.
- Detox tecnologico. Essere in controllo dei tuoi processi mentali significa principalmente non avere dipendenze, di nessun tipo. La tecnologia non fa eccezione. Allenati a brevi ma costanti disintossicazioni tecnologiche per ritrovare uno stato di benessere interiore. Impara a non paragonarti agli altri, e soprattutto, non invidiare o desiderare vite altrui. Stare nel presente è un grande allenamento, così come essere in contatto con te stesso in modo sano.

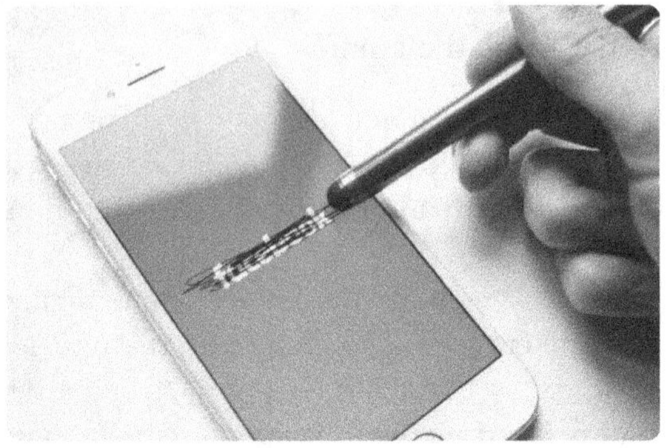

Soluzioni per superare uno stato di manipolazione affettiva

Esistono diversi livelli di manipolazione ed è fondamentale sapere come uscirne. Una volta fuori, potrai usare le sei armi segrete di persuasione per non ricadere mai più nella trappola manipolativa, anzi essere sempre tu quello che detiene il potere nella relazione.

Il primo livello di manipolazione affettiva consiste in pochi e sporadici episodi come malintesi, litigi e scariche di aggressività che possono sembrare passeggere, ma lasciano un amaro retrogusto. In particolare, ci potremmo sorprendere nel notare nel nostro partner un'alternanza di momenti di dolcezza e generosità con momenti di tensione: si tratta della vecchia tattica del bastone e della carota.

Se viviamo una dinamica affettiva di manipolazione, tenderemo a replicare questo meccanismo anche in altre sfere della nostra vita.

Il secondo livello di manipolazione affettiva consiste nel rinunciare alle proprie idee pur di evitare lo scontro con il manipolatore. Se ti trovi in questa fase, ti sentirai assolutamente colpevole delle accuse che ti rivolge il manipolatore, e non proverai nemmeno più a difenderti.

Infine, l'ultimo livello di manipolazione affettiva consiste nella depressione e nella convinzione che non si abbia valore come individui.

Per uscire da queste fasi di manipolazione dobbiamo: avere il coraggio di dire di no! Ricordati che non sei obbligato a fare qualcosa che non ti piace. Non dimenticarti che hai tutto il diritto di rifiutare se non sei d'accordo. Ti consiglio di non dare tante spiegazioni al manipolatore perché lo percepirà come una debolezza o un senso di colpa, quindi è probabile che continuerà a farti pressione.

Prenditi il tuo spazio, probabilmente cercherà di farti pressione facendoti perdere tempo per pensare, chiedendo o insistendo; metti in chiaro che non sei disposto a cadere nel suo gioco, un "forse ci penserò" gli farà capire che non sei così facile da convincere.

Non cadere nella trappola dell'auto-colpa, il manipolatore emotivo vorrà sicuramente approfittare delle tue debolezze, quindi cercherà di farti sentire in colpa, per favore non cadere nel suo gioco, non lasciare che le sue azioni o parole creino un senso di colpa in te.

Chiarisci e non rimanere con i dubbi, quando senti qualcosa che non ti sembra giusto o che ti fa dubitare, chiedi, questo gli dimostrerà che sei consapevole della situazione e che non è facile esercitare il controllo su di te, perché non hai paura di metterci la faccia.

Guarda le loro azioni, ricordati che queste parlano più delle parole, probabilmente queste persone all'inizio sono amichevoli e affascinanti, ma se fai attenzione ai più piccoli dettagli, scoprirai che i loro comportamenti dicono davvero qualcos'altro.

Certamente non sarà facile ma nemmeno impossibile, con la pratica sarai in grado di distinguere la verità dalla bugia manipolatrice: quindi dovrai svegliarti, soprattutto se sei nella fase più acuta della manipolazione affettiva. Ti è stato detto che hai torto? Prova a guardare la realtà da un altro punto di vista e forse capirai che avevi ragione. Sei accusato di un comportamento? Chiediti se è successo davvero, per evitare che sia un'interpretazione della realtà manipolata contro di te.

Evitare di discutere e tirarsi sempre fuori dal conflitto, entrambe le cose sono inutili quando si ha a che fare con manipolatori affettivi.

Usare le armi segrete della persuasione contro la manipolazione

L'ideale sarebbe chiudere completamente il rapporto con i nostri carnefici, ma alle volte non è possibile. Pensiamo ad esempio ai membri del nostro nucleo familiare (ebbene sì, anche i nostri genitori o fratelli possono soggiogarci in relazioni di manipolazione affettiva) oppure ai nostri colleghi di lavoro.

Ricorda che puoi usare le armi segrete di persuasione contro i tuoi stessi manipolatori, una volta che sarai uscito dallo stato di vittima.

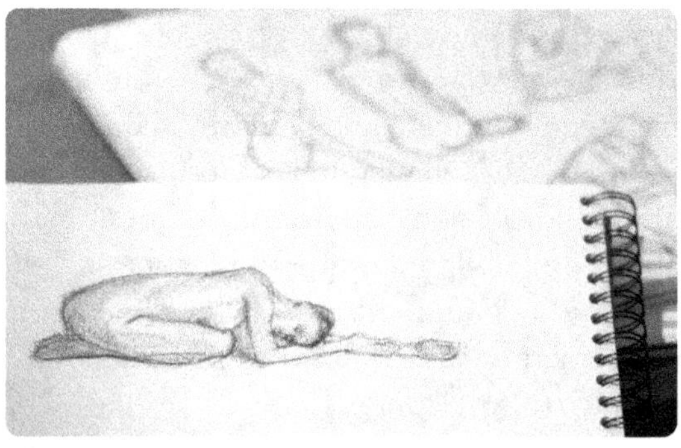

Evita sempre il discorso diretto quando parli con i tuoi ex-carnefici: non esprimere mai le tue opinioni, non dare giudizi, non fare constatazioni di natura personale. Fai solo ipotesi, parla per luoghi comuni e al condizionale. In questo modo ti terrai fuori pericolo.

Ricorda di usare la generosità anche con i tuoi ex-carnefici, senza aspettarti mai nulla in cambio. Li metterà così in una posizione di debito verso di te, e quindi guadagnerai potere su di loro, come ti abbiamo spiegato in precedenza.

Conquistati la fiducia e il rispetto di persone attorno a te e usala per dare un'immagine di te vincente, di successo e positiva che sia oggettivamente condivisa. Per la regola del gregge, i tuoi ex-carnefici saranno portati a riconoscere una verità per il semplice fatto che c'è qualcun altro che la afferma.

Ricorda di proiettare benessere e sicurezza: non dare mai sfogo a debolezze o indecisioni, ma dai sempre e solo un'immagine che ispiri ammirazione, soprattutto in quelle persone che potrebbero non vedere l'ora di manipolarti di nuovo. Per fare ciò non dovrai mai farti trovare a nervi scoperti.

Sii sempre parsimonioso con il tuo tempo. Non regalarlo, ma, anzi, concedilo raramente e non farti dare mai per scontato, elargendo quindi le tue attenzioni in maniera misurata. Il tuo tempo è prezioso: fanne buon uso. Se non agissi seguendo questo principio rischieresti di essere tu quello sottoposto a manipolazione.

Anche se non tutte, sicuramente alcune delle armi segrete di persuasione possono altresì aiutarti a non cadere in meccanismi di manipolazione affettiva.

L'autostima, l'amor proprio e la consapevolezza sono i primi passi per iniziare a svincolarsi da questo incubo emotivo. Dopodiché, le tue armi segrete potranno garantirti la sicurezza di cui hai bisogno per non ricadere mai in un meccanismo di violenza psicologica.

Fa bene ricordare che la manipolazione di per sé non è un atteggiamento da demonizzare: essa altro non è che comunicazione utilizzata a scopo di convincimento, e in questo non c'è nulla di sbagliato.

Tuttavia, esistono delle situazioni in cui uno dei comunicatori potrebbe tendere deliberatamente a mettere in scacco l'altro, per ingannarlo o addirittura danneggiarlo. Il caso estremo è quello della manipolazione affettiva. È importante quindi conoscere tutte le sfaccettature che può assumere la manipolazione comunicativa in modo tale da:

1. Difenderci da essa.
2. Valorizzare le sei armi segrete di persuasione e imparare ad usare la manipolazione a nostro vantaggio.

ESERCIZI PRATICI PER ALLENARE LA MENTE DEL MANIPOLATORE

"Le parole giuste valgono molto e costano poco."

— *GEORGE HERBERT*

Sapevi che molte star del cinema o dello spettacolo sono persone incredibilmente riservate nella vita privata? Il primo manager di Lady Gaga racconta che agli inizi della sua carriera l'icona pop era una persona estremamente timida, e si faceva accompagnare dalla madre per sostenere lo stress delle apparizioni in pubblico e l'ansia degli spettacoli. Freddy Mercury era riservatissimo nella vita privata, eppure era al contempo un mostro da palcoscenico.

Il 75% delle persone ha paura o si sente a disagio alla sola idea di dover parlare in pubblico o presentare le proprie idee davanti ad una platea, grande o piccola che sia. Allo stesso modo, potremmo sentirci in seria difficoltà quando cerchiamo di convincere qualcuno. Di solito, lo stress deriva dal coinvolgimento emotivo che abbiamo verso una certa tematica, ma può anche dipendere dal fatto che dai risultati della nostra capacità persuasiva dipenda il conseguimento di un vantaggio personale. Spesso infatti cerchiamo di fare uso di tattiche di persuasione al fine di ottenere un beneficio materiale, oltre che guadagnare il consenso altrui, e l'aspettativa di questo beneficio può diventare causa di stress. Per fortuna, esistono degli esercizi che ti permetteranno di migliorare la tua abilità persuasiva.

Ho riunito qui per te una serie di trucchi e strategie utili per rafforzare la memoria, la capacità retorica, l'ascolto attivo e il controllo del linguaggio non verbale. Queste abilità sono fondamentali per riuscire ad usare le sei armi segrete di manipolazione e convincere il tuo interlocutore in meno di dieci minuti.

L'unica regola è la costanza: devi esercitarti il più possibile ed allenare queste abilità fin nei minimi dettagli. Solo così potrai raggiungere risultati sorprendenti, perché, come in tutte le vere arti della vita, il segreto consiste nella pratica: ripetere, ripetere, ripetere.

Esaminiamo quindi le abilità alla base della persuasione e i relativi esercizi per migliorarle.

Trucchi per allenare la memoria

Esercitare la memoria è fondamentale per usare le sei armi segrete di persuasione in soli dieci minuti.

Innanzitutto, per realizzare una comunicazione efficace devi essere in grado di adattare il tuo discorso alla tipologia di persona che hai di fronte, interpretando e memorizzando rapidamente i feedback del tuo interlocutore. Ciò significa che per riuscire a "leggere" questi segnali, devi diventare un ottimo osservatore: esaminare attentamente le persone e memorizzarne le reazioni, incluse quelle non verbali, è il primo passo per imparare a comunicare efficacemente in meno di dieci minuti.

Una volta che avrai elaborato un piccolo inventario mentale della tipologia di persone che potresti trovare dinanzi a te, noterai che le reazioni tendono a ripetersi nel tempo. Se la tua memoria sarà allenata, riuscirai ad indovinare con estrema facilità la probabile reazione del tuo interlocutore, adattando il tuo discorso o addirittura anticipando le sue risposte.

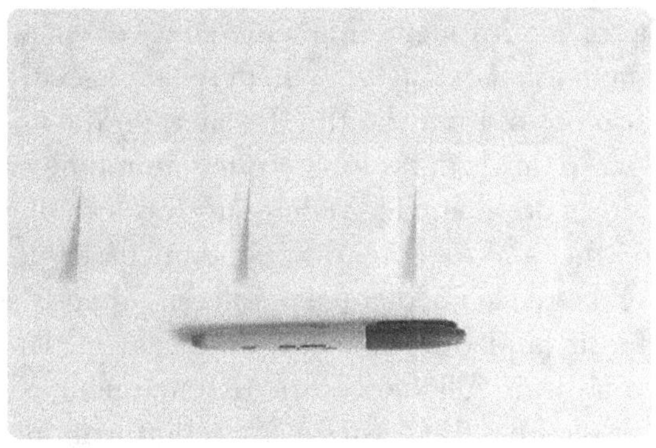

Pensa alla memoria come ad un muscolo: per ottenere il massimo risultato, devi tenerla in forma, proprio come un vero atleta.

Per imparare a relazionarti efficacemente con le persone in meno di dieci minuti, devi quindi iniziare a studiarle, e, a tale proposito, ti consiglio di tenere un taccuino dove annotare i risultati delle tue osservazioni. Durante le nostre giornate ci relazioniamo costantemente con persone di tutti i tipi, dalle commesse nei negozi, ai colleghi sul lavoro o a semplici passanti con cui può capitare di scambiare due parole in fila al supermercato. Si tratta di materiale prezioso per te: osservare le persone intorno a te e cercare di dedurre da loro atteggiamenti o dal modo in cui impostano le relazioni, o rispondono alle tue domande e affermazioni, è un ottimo allenamento per notare dei pattern che si ripetono. Appuntati tutto e prima o poi imparerai a riconoscere le varie tipologie caratteriali.

Prendi nota dei dialoghi con amici, colleghi, parenti, fai caso alle reazioni dei tuoi interlocutori a seconda del tipo di comunicazione che offri, fai piccoli esperimenti silenziosi e modula volta per volta la tua risposta per ottenere risultati diversi. Scrivi tutto, come un vero studioso, e vedrai che molte cose ti appariranno molto più chiaramente.

Un'altra pratica incredibilmente efficace per rafforzare la tua memoria consiste nel mettere gli oggetti sempre nello stesso posto. Innanzitutto, diventerai ordinato (se non lo fossi già) e, in secondo luogo, quest'abitudine ti fornirà un grande rigore mentale. Vedere attorno a te uno spazio ordinato, metodico e pulito è fondamentale: lo spazio esterno è lo specchio di quello interno, quindi se metti ordine fuori, farai ordine anche dentro di te. Potrai così iniziare a lavorare sull'autocontrollo, il mantenimento della calma e la sicurezza in te stesso, tutte doti irrinunciabili di un buon manipolatore.

Trova quindi il tempo per riordinare: all'inizio ti sembrerà di fare uno sforzo inutile, ma una volta che ci avrai fatto l'abitudine, noterai un miglioramento non solo delle tue capacità mnemoniche, ma anche del senso di presenza e autocontrollo.

Retorica

Esiste una tesi conosciuta con il nome di "teoria dei primi cinque minuti". Secondo questa tesi, l'impressione che diamo nei primi cinque minuti di una nuova relazione è talmente forte da influenzarne incontrovertibilmente gli esiti futuri, lasciando così un marchio indelebile, nel bene o nel male.

Nello specifico, se riusciamo a comunicare un'immagine positiva di noi stessi nei primi cinque minuti, nel 50% dei casi le successive interazioni saranno altrettanto positive. Se invece i primi cinque minuti lasciassero un impatto negativo nel nostro interlocutore, al 90% dei casi la relazione risulterà altrettanto deteriorata.

In soli cinque minuti possiamo quindi gettare le basi del futuro di un rapporto lavorativo, affettivo o di una nuova amicizia ... purché riusciamo a lasciare un'impressione positiva!

Lo stesso vale per un discorso: una delle regole fondamentali della retorica è quella di avere un incipit indimenticabile e d'impatto. Pensa a cosa fai quando intavoli una conversazione con persone su cui ti interessa lasciare un segno. Magari stai cercando di fare bella impressione, o almeno di suscitare un'opinione positiva di te, o stai addirittura provando a usare le armi di persuasione per convincere qualcuno. Scommetto che il primo errore che commetti nei tuoi 5 minuti iniziali è quello di perderti in chiacchiere usando una frase vuota dopo l'altra solo per riempire un eventuale silenzio, facendo battutine forzate per rompere il ghiaccio, o magari qualche aneddoto che tu reputi interessante, con il tragico risultato di peggiorare una situazione già abbastanza scomoda. La tua speranza è quella di arrivare al punto nevralgico del tuo discorso in maniera naturale e divertente, ma se avrai fatto questi errori classici nei primi cinque minuti, avrai già perso l'attenzione del tuo interlocutore (e da un bel po'). La comunicazione sarà destinata a fallire miseramente. Adotta quindi la strategia contraria: già dalle primissime frasi del tuo discorso prova a comunicare concetti ed idee "ad effetto" (senza mai esagerare, altrimenti nessuno ti prenderà sul serio).

Che significa? Pensa ai primi cinque minuti di una conversazione con una persona che non ti conosce (o con cui ha interagito solo poche volte) come ad una performance artistica. Hai i riflettori puntati su di te, quindi non puoi sprecare questo momento. Ma come fare? È semplice: devi essere una specie di attore solista, e non uno qualsiasi, ma uno di quelli da Oscar. Mezze battutine, frasi rompighiaccio o tentativi impacciati non basteranno: devi raccontare la tua storia in modo assolutamente seducente e ammaliante, chi ti ascolta deve pendere dalle tue labbra e le tue parole devono creare armonia, mai contrasto.

La retorica era considerata una vera e propria arte nell'antica Roma e Cicerone, il maestro di questa disciplina, era definito come un "manipolatore di cuori". Prova ad immedesimarti in questa espressione e inizia a concepire le tue parole come armi: soppesale una per una e preparale in anticipo per facilitarti il lavoro, magari buttandole giù per iscritto per te stesso.

Recitale poi ad alta voce per sentire l'effetto che hanno. All'inizio ti sembrerà strano, ma un vero oratore è una figura a metà tra l'attore, il politico, l'avvocato e il mago. Se vuoi che le tue parole abbiano un certo potere, devi innanzitutto conferirglielo e per fare ciò avrai bisogno di preparazione.

Quindi, se ti stai chiedendo come fare bella figura con il tuo capo, come ottenere una promozione, come fare la giusta impressione al prossimo colloquio, o addirittura come tenere un discorso in pubblico per convincere il tuo uditorio a fare qualcosa, scrivi innanzitutto le frasi che vorresti pronunciare. A furia di farlo, troverai delle espressioni che ti piacciono particolarmente e ti costruirai così un piccolo arsenale da utilizzare al momento giusto.

Immagina le tue frasi come cartucce per le tue armi e dividile per categorie: razionali, quando decidi di parlare alla "testa" delle persone, ed emotive se invece ti stai rivolgendo "alla pancia".

Storielle, episodi ben raccontati, funziona tutto, purché il racconto inizi *in medias res*, cioè nel mezzo degli avvenimenti. Lascia perdere i dettagli inutili o i preamboli, racconta invece la storia come farebbe un attore di stand-up comedy. Non conosci il genere? Studialo! Su Netflix troverai grandi esempi di come lo storytelling può far ridere, riflettere e coinvolgere contemporaneamente.

L'umorismo (ben riuscito) funziona sempre in un discorso, soprattutto se vuoi usare bene i tuoi dieci minuti, quindi armati di pazienza e vai a caccia di battute efficaci, memorizzale e usale a tuo vantaggio. Ricorda la teoria dei primi cinque minuti… una frase ben piazzata può fare più di mille parole!

Un'altra regola retorica da non dimenticare riguarda il ritmo del tuo discorso: devi assolutamente rispettare le giuste pause. Opta per frasi brevi, e se non ti viene naturale, ancora una volta, immagina i tuoi discorsi, scrivili, ed esercitati!

Nelle lingue come l'italiano, l'inglese, lo spagnolo o il francese, un discorso risulta chiaro e comprensibile se è pronunciato ad una velocità di 130-140 parole al minuto. Se pronunci meno di 140 parole al minuto, rischi di annoiare il tuo pubblico o il tuo interlocutore, e se ne pronunci di più finirai con confondere o innervosire chi ti ascolta.

In 10 minuti non dovrai pronunciare più di 1300-1400 parole. Se le scrivi al computer, basterà utilizzare la funzione conteggio parole di Word per farti subito un'idea della lunghezza del tuo discorso e, soprattutto, del ritmo della tua oratoria.

Il senso di scrivere le parole che hai intenzione di pronunciare o i discorsi che ti vengono in mente non è quello di impararli a memoria: se lo facessi, rischieresti di rendere il tutto monotono e forzato. Scrivere frasi e discorsi ha un senso e uno scopo più profondi. È infatti un esercizio che ti permetterà di focalizzare la tua attenzione su tutti gli aspetti della comunicazione, anche quelli meno evidenti come le pause, l'intonazione della voce e il linguaggio non verbale, in modo da padroneggiarli il più possibile.

Se dopo tutto questo lavoro finirai con il pronunciare discorsi diversi da quelli che hai scritto sul tuo diario, non importa. Noterai invece che le capacità allenate durante la scrittura e la ripetizione orale ti daranno una marcia in più nel momento del bisogno.

Una volta che avrai scritto il tuo mini-discorso di 1400 parole, per monitorare la velocità con cui pronunci le frasi e le parole prova a regolarti con un timer impostato a un minuto: il tuo obiettivo deve essere quello di non concludere il discorso né prima né dopo il termine del tempo, altrimenti vorrà dire che stai parlando troppo velocemente o troppo lentamente.

Vuoi parlare più lentamente? Pronuncia di nuovo il discorso con un sottofondo di musica classica, rilassando la pronuncia, scandendo chiaramente la voce e facendo le pause nei momenti giusti. Per parlare più velocemente, pronuncia il discorso con un sottofondo di musica ritmata, prova a costringerti a fare delle pause solo ogni tanto, quando veramente necessario, e rendere così più vivace il fluire delle parole.

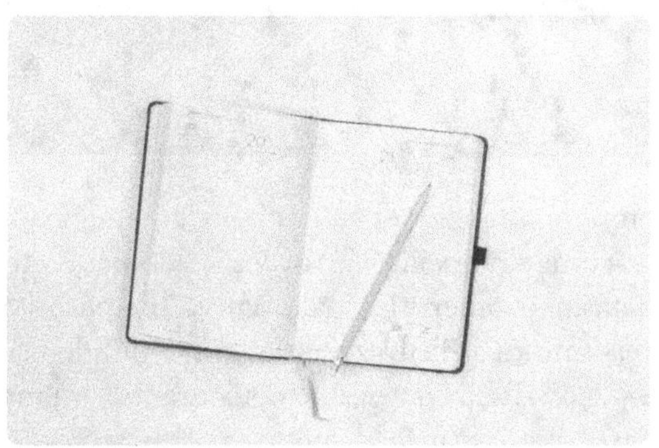

Il linguaggio non verbale

Abbiamo solo dieci minuti, di cui i primi cinque sono quelli veramente importanti. In questo lasso di tempo così corto, c'è un aspetto della nostra comunicazione che farà tutta la differenza: il linguaggio non verbale.

La gestualità e il tono della voce costituiscono (rispettivamente per il 60% e per il 30%) il 90% della comunicazione, quindi non possiamo assolutamente lasciarli al caso. Anzi, dobbiamo imparare a padroneggiarli nel miglior modo possibile: solo così i nostri discorsi resteranno davvero nella memoria di chi li ascolta…anche in meno di dieci minuti!

Fai molta attenzione ai gesti: evita atteggiamenti di chiusura come incrociare le braccia sul petto, tenere le mani in tasta o tenere le spalle curve, perché darebbero un'impressione di insicurezza, rigidità o diffidenza. Scegli piuttosto posizioni e gesti rassicuranti, mantenendo idealmente una postura a petto aperto e con sguardo sempre dritto dinanzi a te.

Guarda sempre negli occhi il tuo interlocutore e non guardare mai a terra, lascia che le tue braccia e mani accompagnino naturalmente il tuo discorso. Inutile dirlo: tieni sotto controllo eventuali scatti o gesti nevrotici, come il far ticchettare una penna sulla scrivania, muovere incessantemente il tuo peso da un piede all'altro e anche sorridere troppo. Per tenere le mani occupate, potresti reggere una tazza di tè, di caffè o qualsiasi altro oggetto che ti costringa a limitare i gesti, anche se l'ideale sarebbe saper padroneggiare i tuoi movimenti senza nessun ausilio.

Anche se può sembrarti assurdo, l'unico vero modo per imparare a controllare il tuo linguaggio non verbale, ed eventualmente modificarlo se necessario, è studiarlo dall'esterno.

Se hai video di te stesso mentre parli o tieni un discorso, la cosa migliore che puoi fare è osservare la tua postura, il tuo tono di voce, i tuoi gesti o il tuo sguardo per capire che tipo di impressione fai. Se non ne avessi, non perdere tempo: chiedi a qualcuno di filmarti mentre interagisci con delle persone o tieni un discorso. Dovrai poi con calma analizzare il materiale e fare una vera e propria autocritica, senza naturalmente buttarti giù emotivamente, con lo scopo di capire con onestà intellettuale quali sono i punti deboli della tua performance come oratore.

Sei troppo serio? Sorridi un po' di più. Ti sembra di non essere ascoltato come vorresti? Guadagna autorevolezza alzando un po' il tono della voce e parlando più lentamente.

Dal momento che il linguaggio non verbale veicola gran parte del tuo messaggio, fai caso e controlla le tue espressioni facciali, compresa la tensione muscolare e il modo in cui respiri. Ti sembreranno dettagli irrilevanti ma sono immediatamente percepibili dal tuo pubblico e, se impostati nel modo giusto, aumenteranno l'efficacia del tuo messaggio e ti permetteranno di entrare in sintonia con gli altri molto più facilmente.

Per tenere sotto controllo il respiro, puoi adottare una routine di esercizi di respirazione da fare ogni mattina (o ogni sera). Oltre ad essere incredibilmente rilassanti, saranno un incentivo per meditare e sviluppare l'autocontrollo. Basta associare ogni inspirazione ed espirazione ad un numero di secondi e mantenere un ritmo costante. Puoi ad esempio dividere il ritmo della tua respirazione in tre fasi: inspirazione (5 secondi), apnea (5 secondi) ed espirazione (5 secondi).

Senza andare in iperventilazione e dando sempre priorità al benessere del corpo, questa pratica può farti rendere conto delle tue abitudini più inconsapevoli, come quelle legate alla respirazione.

Evita anche i seguenti errori della comunicazione non verbale:

- Se è vero che è meglio guardare negli occhi il tuo interlocutore mentre parli (per evitare di essere percepito come insicuro o poco sincero), non esagerare altrimenti metterai in difficoltà l'altra persona.
- Regola la distanza dal tuo interlocutore: non troppo vicino, ma nemmeno troppo lontano. La zona di comfort è un concetto concreto che però cambia a seconda delle circostanze (e anche della cultura), quindi tienilo a mente per decidere dove posizionarti mentre parli.
- Non avere paura del contatto fisico: senza essere invadente, è sempre bene dare una giusta stretta di mano, un tocco sulla spalla o sulla schiena per rassicurare l'altra persona e introdurre con più sicurezza il tuo discorso.

Come gestire una conversazione

La qualità delle nostre relazioni è direttamente proporzionale alla qualità delle nostre conversazioni. Quando parli devi assolutamente evitare i silenzi imbarazzanti, perché renderanno il tuo messaggio poco credibile. Come fare? Come non sentirsi impacciati quando parliamo? Si può davvero arrivare dritti al punto durante la comunicazione evitando di restare impigliati in quella patina di superficialità a cui sembrano condannate la maggior parte delle conversazioni?

Ecco alcuni trucchi per sfondare il muro di banalità e sedurre velocemente il tuo interlocutore:

- Usa domande aperte. Invece di chiedere «Ti piace fare sport?», formula la domanda in modo da evitare una risposta secca del tipo "Sì" o "No". Puoi ampliare la conversazione e renderla molto più ricca e interessante chiedendo per esempio «Come ti piace passare il tuo tempo libero?»: in questo modo, invece di un secco "Sì" o "No", dai la possibilità alla persona dinanzi a te di fornire al discorso ulteriori dettagli e aneddoti, materiale prezioso per analizzare il profilo del tuo interlocutore e per chiedergli ulteriori dettagli sulle storie da lui raccontate.
- Le persone amano parlare di sé stesse: più glielo fai fare, più ti adoreranno. Ascolta molto attentamente i dettagli di quello che ti dicono i tuoi interlocutori, cercando di ricordare tutto grazie anche alla tua memoria infallibile che dovrai aver allenato. Quando dovrai affrontare un discorso persuasivo in meno di dieci minuti, potrai centrare il tuo messaggio attorno ai temi chiave così individuati. Ognuno di noi ha un tallone d'Achille e non è necessario essere Sherlock Holmes per scovarlo. Ti basta solo un po' di pazienza, attenzione e (di nuovo) memoria!
- Fatti raccontare una storia dal tuo interlocutore. Siamo essere umani, e in quanto tali viviamo di storie, racconti, desideri e speranze. Farsi

raccontare delle storie personali significa accedere ad un piano emotivo profondo, e se ci riuscirai, nulla potrà fermarti. Per rendere la comunicazione efficace in meno di dieci minuti, inizia raccontando tu stesso una storia, e invita così il tuo interlocutore a fare lo stesso. Questa pratica ti metterà su un piano emotivo comune che arricchirà la tua interazione e faciliterà il lavoro quando proverai a persuadere l'altra persona. La prossimità emotiva farà rilassare le difese di chi ti ascolta, rendendo così più semplice la tua opera di convincimento.

- Gestisci l'ascolto attivo: stai parlando con un tuo superiore, o una persona da cui vuoi ottenere qualcosa? Mostra interesse, palesa la tua curiosità e il tuo coinvolgimento nella conversazione, sempre in maniera naturale, magari chiedendo dettagli o chiarimenti rispetto a quello che ascolti. Puoi anche modulare le tue risposte sulla base delle idee che ti vengono dette: la tecnica della ripetizione è efficacissima e funziona anche con gesti ed espressioni, oltre che con le parole. Modulare e adattare il tuo linguaggio non verbale sulla base di quello dell'altra persona è un trucco da veri maestri. Siamo già nell'ambito della P.N.L., ma puoi provare a sperimentarlo se te la senti. Altrimenti, prova a formulare sotto forma di domande cose dette dall'altra persona.

- Non interrompere il tuo interlocutore. Pensaci un attimo: a te piace essere interrotto proprio mentre stai elaborando il tuo discorso? Non credo. Allo stesso modo, non troncare la persona con cui stai parlando, lasciale il tempo di terminare le frasi e, solo quando avrai l'opportunità, intervieni, ma fallo comunque in modo significativo. L'ascolto attivo serve anche come strumento per dare al tuo interlocutore il tempo di mettersi in mostra e mettersi in gioco. Tu raccogli le informazioni utili e aspetta il momento giusto per attaccare.
- Non dare giudizi. Mettiamola così: la tua opinione non interessa a nessuno, nemmeno a te stesso in questo momento. Se il tuo obiettivo è persuadere, convincere, o, alla lunga, manipolare (e per di più in meno di dieci minuti), evita assolutamente di formulare giudizi o esprimere opinioni. Innanzitutto, ricordati che il centro della conversazione deve essere sempre l'altro, mai tu stesso o le tue opinioni. Quindi, per non restare a bocca asciutta, evita di formulare giudizi perché rischi

seriamente di entrare in conflitto con il tuo interlocutore, e per di più, inutilmente.

Riformulare il messaggio

A volte basta solo dire le cose nel modo corretto e ti si apriranno tutte le porte che vuoi. Le giuste parole, pronunciate al momento giusto, possono cambiare davvero il risultato della tua comunicazione e quelle che seguono sono alcune tattiche per gestire il loro segreto potere.

Ad esempio: ti trovi alla fine di una presentazione o di un intervento in pubblico, e invece di chiedere «Ci sono domande?», rischiando così di far cadere un silenzio imbarazzante, potresti semplicemente dire «Quali domande avete sull'argomento?», dando così per scontato che le persone abbiano dei quesiti da porti.

Questo meccanismo mentale puoi declinarlo in molte maniere differenti.

Ecco un altro esempio: se vuoi farti dare un numero di telefono, sarebbe un errore chiedere «Puoi darmi il tuo numero di telefono?», perché ti apriresti alla possibilità di farti dire di no. La giusta riformulazione della stessa domanda sarebbe invece «Su quale numero di telefono posso contattarti?». Diamo anche qui per scontato che riceveremo il numero di telefono, risparmiando così al nostro interlocutore la fatica della decisione (sì o no).

L'unica condizione imprescindibile per mettere in pratica questa tecnica è la fiducia in te stesso, ma la buona notizia è che a furia di usare questa strategia mentale la tua autostima si fortificherà da sé, quindi avanti tutta!

Un altro esempio: molti venditori esperti sono abituati ad usare la parola "immagina", una piccola magica parola che ha in sé un grande potere. Dopo la parola "immagina" puoi dire praticamente quello che vuoi. Se c'è ad esempio uno scenario mentale o emotivo che può essere utile per vendere la tua idea e in cui vorresti collocare i tuoi ascoltatori, ti basterà chiedere a chi ti ascolta di immaginare una certa situazione e avrai così costruito il setting perfetto per il tuo discorso. Ricorda che raccontare storie è un grande potere e questa tecnica ti permette di farlo con la massima facilità.

Un altro trucco per convincere velocemente ed efficacemente qualcuno ad accettare una tua proposta consiste nell'introdurla come ultima opzione in un ventaglio di tre possibilità, preceduta da due alternative scadenti. Tu naturalmente sai già che vuoi far scegliere la terza opzione, ma ti consiglio comunque di lasciar fare la scelta al tuo interlocutore. Introduci le prime due alternative presentandole in maniera mediocre e poi per ultima proponi la tua idea, che sembrerà molto più interessante a confronto delle altre due meno allettanti.

Trucchi per introdurre un'idea innovativa

Se vuoi introdurre un'idea dirompente, se vuoi lanciare una proposta ***game-changer*** (come direbbero negli Stati Uniti d'America), allora questa è la frase che devi usare per introdurre la tua idea: «Quanto è aperta la tua mente?»

Una premessa del genere predisporrà inevitabilmente il tuo interlocutore ad ascoltare con attenzione quello che hai da dire, perché nessuno vuole sentirsi dire che è chiuso mentalmente, antiquato, o poco disposto all'innovazione.

Se stuzzichi l'altra persona intellettualmente, lanciandole una sfida del tipo «Vediamo quanto sei disposto a rischiare», la reazione del tuo interlocutore potrebbe essere la seguente: «Adesso ti faccio vedere io se sono aperto o no, dimmi pure quello che hai da dire che ti ascolto».

Rassicurare è un altro trucco per persuadere facilmente qualcuno: si tratta del classico «Non preoccuparti» o «Te lo dico come se fossi tuo fratello». Ecco, di solito quando senti frasi del genere ti conviene stare attento, perché nella metà dei casi chi te le dice ti sta vendendo qualcosa di materiale, o ti sta persuadendo di qualcosa facendo leva sulla fiducia che tu accorderesti a un tuo parente stretto o al tuo migliore amico. Ma non c'è bisogno che ti ricordi io che c'è una bella differenza!

Allo stesso modo, puoi usare questa tattica per portare dalla tua parte chi ti ascolta. Rassicurare è sempre un atto di pacificazione, ti permette di avvicinarti al tuo interlocutore e, soprattutto, guadagnarti la sua fiducia in pochissimo tempo. La strategia funziona molto bene con individui ansiosi, nevrotici o insicuri, i quali costituiscono la stragrande maggioranza delle persone, quindi le possibilità di riuscita sono davvero elevate.

Come convincere qualcuno a farti dire di sì

Se vuoi indurre qualcuno a prendere una decisione o farti dire di sì, ecco come devi introdurre il tuo discorso per convincere l'altra persona in meno di dieci minuti.

Prova ad iniziare con questa affermazione: «Nel mondo esistono due tipologie di persone...». Questa frase renderà istantaneamente il tuo interlocutore curioso di scoprire a quale categoria appartiene. Inoltre, catalizzando una possibile decisione verso due estremi opposti, renderai la scelta molto più semplice al tuo ascoltatore: questi dovrà infatti scegliere o una o l'altra opzione che gli hai fornito, liberando il campo da tutte le sfumature intermedie, che di solito rendono la decisione molto più complicata.

Un altro trucco per farti dire di sì, far accettare la tua idea, o vendere il tuo prodotto, è introdurlo con questa formula: «Prima di prendere una decisione, ricapitoliamo quello che abbiamo detto finora». Questo sistema ti permette di lavorare sul rifiuto mentale delle persone e trasformarlo in dubbio.

Inizialmente, per diffidenza, prudenza, paura o mancanza del senso del rischio, le persone tendono a dire di no. Tuttavia, se riuscissi almeno a sospendere il loro giudizio prima di ricevere una vera e propria risposta negativa, allora avrai guadagnato almeno un forse (e non è poco).

A furia di esporre i pro e i contro della tua proposta, valutare i lati positivi ma anche quelli negativi della tua idea, insinuerai dei dubbi anche nel più accanito oppositore, rendendo così più facile l'opera di convincimento definitiva, o la persuasione finale.

Un modo efficace per creare un collegamento con chi ti ascolta e introdurre un elemento di empatia è pronunciare all'inizio del tuo discorso la frase «Scommetto che io e te siamo uguali nel senso che …». Questa tecnica fa sì che il tuo ascoltatore si senta assolutamente coinvolto dalle tue parole, soprattutto se riesci veramente a identificare una caratteristica reale che vi accomuna. Per capire al volo con che tipo di persona ti trovi ad avere a che fare, puoi leggere vari segnali (ti spiegherò in seguito quali sono). Per ora ti basti sapere che se vedrai il tuo interlocutore annuire, avrai la conferma del fatto che concorda sulla vostra somiglianza, che hai centrato l'obiettivo e che sarà molto semplice farti dire di sì.

Durante il tuo discorso è sempre una buona idea fare riferimento alla massa (il famoso gregge di cui abbiamo parlato in precedenza). Si tratta di un trucco che funziona perché fa leva sul senso del branco che è insito in ognuno di noi. Anche a costo di inventarlo, introduci il tuo riferimento alla massa con un'espressione del tipo "la maggior parte delle persone", seguita naturalmente dall'opinione o dalla decisione che vuoi instillare nella mente di chi ti ascolta. Sapere che qualcun altro pensa o fa quello che tu stai cercando di vendere o dimostrare, non farà altro che indurre il tuo interlocutore a prendere una decisione molto più facilmente.

Anche annunciare la tua proposta come «La buona notizia è che...» è un ottimo trucco per predisporre positivamente i tuoi interlocutori. Naturalmente devi far precedere alla tua proposta uno scenario negativo, stressante o complesso, in alternativa a cui poi fornirai la tua brillante soluzione, presentando la tua idea come la "buona novella". La reazione istintiva di chi ti ascolta sarà sollievo, positività e apertura a dirti di sì.

Ormai ti puoi definire quasi un esperto della manipolazione mentale: conosci le premesse teoriche, sei in grado di difenderti da attacchi esterni e sei consapevole delle implicazioni affettive che questa pratica porta con sé.

Sei consapevole anche degli esercizi da praticare per ottimizzare tecniche mnemoniche e retoriche, e rendere così le sei armi segrete di manipolazione mentali efficaci in meno di dieci minuti.

Adesso non ti resta che elaborare delle strategie pratiche sul lavoro o nella vita privata per rendere la tua comunicazione davvero vincente. Ma prima di farlo, ecco di seguito un'altra tecnica che può fare la differenza per gestire in maniera efficace un discorso: riconoscere il tipo psicologico che hai di fronte.

Non c'è bisogno di avere una laurea in psicologia per intuire con che tipo di persona hai a che fare, ma solo tanta pratica nell'osservare i tipi umani che ti circondano.

Una buona abitudine, che ti consiglio vivamente di adottare, è andare al parco, o in piazza, ma anche semplicemente al tuo bar preferito, e analizzare attentamente le persone che vedi intorno a te. Siediti e osservale con diligenza, magari annotando le tue osservazioni in un quaderno: che tipo di postura mantiene la signora di mezza età mentre paga alla cassa? Cosa rivelano i gesti della coppia seduta di fronte a te? Cosa puoi intuire dalle espressioni facciali dei signori che discutono nell'angolo? Riesci a capire chi detiene il potere delle relazioni delle coppie che ti circondano?

Hai a tua disposizione un materiale umano di ricerca ricchissimo e utilissimo per affinare le tue capacità di osservazione e diventare un esperto manipolatore.

Osservare i segnali delle persone

"Non serve un ottimo interrogatorio per capire cosa gira nella testa di qualcuno. I segnali sono sempre gli stessi, basta saperli cogliere".

— LARAE QUY, AGENTE FBI

Innanzitutto, impara a catalogare i gesti, in particolare collegandoli ad uno stato d'animo: quali sono i movimenti che osservi in associazione a stress, nervosismo o ansia? Quali invece quelli che denotano paura o diffidenza?

Se per esempio la persona con cui parli, magari il tuo partner, chiude spesso gli occhi mentre parla, questo rivela l'inconscia necessità di nascondersi dal mondo esterno. Nello specifico, se stai intavolando una conversazione con una persona che per tutta risposta socchiude gli occhi (oppure li chiude proprio del tutto), questa persona ti sta mandando un forte segnale di chiusura. Significa che ti conviene rimandare il discorso ad un altro momento, per non rischiare di fare un buco nell'acqua, soprattutto se hai qualcosa di importante da dire.

Se una persona mette la mano davanti alla bocca mentre parla, o simula colpetti di tosse, possiamo presumere che stia nascondendo qualcosa: c'è qualche dettaglio o informazione che non sta rivelando.

Viceversa, quando una persona appoggia il viso sulla mano, o tiene la mano sotto al mento, è un segnale di apertura, o in certi casi, di seduzione. Quando vedi qualcuno che ti ascolta adottando questa posizione, puoi stare sicuro che c'è ampio margine di successo per il tuo discorso.

Allo stesso modo, quando una persona si sfrega le mani (anche se non fa freddo) questo è un segnale di positività e puoi sentirti rassicurato se noti questo gesto nel tuo interlocutore. Si usa fare questo movimento con le mani quando si prevedono risultati positivi imminenti, quindi dai via libera al tuo discorso senza timore quando vedi questo segnale.

Fai caso alla stretta di mano (anche a quella che offri tu stesso agli altri). Se stringendoti la mano l'altra persona aggiunge anche la mano libera, significa che questa si sta dimostrando di essere un amico fidato. Occhio però a usarla con persone che non conosci: potrebbero interpretarla come un'invasione della privacy. È un gesto molto usato dai politici, e puoi decidere di usarlo anche tu quando vuoi lasciare un'impressione di fiducia e positività alla fine del tuo discorso.

Se vedi una persona stringere la mano e toccare contemporaneamente il gomito, la spalla o il braccio con la mano libera, puoi interpretare il gesto come un sintomo di insicurezza: una persona che compie questo tipo di movimento potrebbe sentirsi solo, ignorato e ti sta inconsciamente chiedendo attenzione. Se vuoi rivolgere a questo individuo la tua comunicazione, sappi che avrai in lui un ascoltatore attento.

Se una persona ti stringe la mano con il palmo rivolto verso il basso, sta cercando di mostrare superiorità e potenza. Quindi, se vuoi lasciare un'impressione di forza dopo il tuo incontro, porgi la mano tendendo il palmo (quindi la parte interna) verso il basso: sarà un segnale di potere. Viceversa, se una persona ti offre la mano con il palmo rivolto verso l'alto, avrai la conferma del fatto che è disposto ad aiutarti.

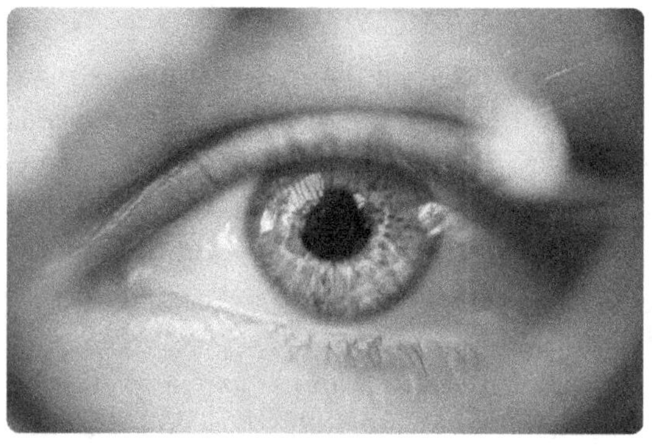

In media, un individuo sbatte le palpebre da sei a dieci volte al minuto: se noti una frequenza superiore a questa, allora probabilmente tale persona è attratta da te (o dai tuoi discorsi). È sempre una buona idea cercare questo tipo di segnali nel volto o, in generale, nell'atteggiamento dei nostri interlocutori, perché ci daranno indizi importanti su come proseguire il nostro discorso. Abbiamo visto che il linguaggio non verbale rivela più delle parole, ecco quindi l'importanza di leggere le persone che ci troviamo di fronte.

Vediamo ora un esempio di questi segnali non verbali, dove i diversi comportamenti del soggetto ci permetteranno di determinare se gli piacciamo o se al contrario non è interessato.

- Non ti perde di vista: anche se siamo in un luogo affollato, possiamo percepire che i suoi occhi cercano sempre di seguirci.
- Esprime felicità quando ti avvicina: se piaci a qualcuno, sarà sicuramente molto difficile per lui nascondere il piacere che prova quando è con te, questo lo esprimerà con un sorriso.
- Assume una posizione eretta quando si avvicina a te: questo gli permetterà di sembrare più alto e più attraente.
- Praticare atteggiamenti di approccio: uno di questi, che di solito non prendiamo in considerazione, è la posizione dei piedi, si so che suona abbastanza strano, ma per esempio la loro posizione rivolta verso di noi, può significare che sta cercando di ridurre lo spazio tra noi quando non può farlo in modo così evidente.

Invece, con i seguenti atteggiamenti saremo in grado di rilevare che non siamo molto graditi a qualcuno:

- I suoi occhi cercheranno di sfuggirti, cercherà sempre di distogliere il suo sguardo o di mostrarsi distratto davanti a te.
- Il suo corpo avrà una posizione opposta a quella in cui stai tu.
- Terrà le braccia incrociate, come simbolo di un atteggiamento nervoso, negativo o difensivo.

Con questi semplici esempi, è evidente l'atteggiamento che si può presentare non solo in questo tipo di situazioni ma in qualsiasi situazione in generale, è solo una questione di prestare attenzione ai più piccoli dettagli e atteggiamenti che ci diranno tutto quello che vogliamo sapere.

Trucchi psicologici

Esistono diverse tipologie di persone, ed è bene che impari a riconoscerle se vuoi ottenere risultati efficaci con una comunicazione rapida. In generale, se vuoi avere successo negli affari e nella vita, devi imparare ad interpretare velocemente la psicologia dei tuoi interlocutori.

Per esempio, se sei al ristorante e vedi un gruppo di persone che ridono, potrai notare che ognuno lancia sguardi verso la persona che trova più attraente. Si tratta di un meccanismo psicologico istintivo: quando ridiamo per la battuta di qualcuno, tendiamo a cercare lo sguardo di una persona di nostro gradimento, per ottenerne inconsciamente il consenso.

Se quindi vuoi svelare i segreti delle persone che ti circondano al lavoro, o all'interno del tuo gruppo di amici, prova a fare battute divertenti e poi prestare attenzione al gioco di sguardi che avviene durante e dopo le risate. Quello che scoprirai usando un po' di senso dell'umorismo è davvero sorprendente!

Un altro trucco a cui puoi fare riferimento se devi vendere qualcosa o convincere qualcuno è l'effetto ancoraggio. Ti è mai capitato di trovarti in un negozio, magari stai cercando un costume nuovo, o se è inverno una nuova felpa, trovi finalmente il capo che ti piace, ma poi... leggi l'etichetta e ti sorprendi per il prezzo altissimo? Quasi ti prende un colpo a leggere 300 €. Immediatamente pensi che costi troppo e riponi al suo posto il capo prescelto. Se però sull'etichetta trovi scritto che il prezzo originario era di 700 € e il nuovo prezzo è uno sconto esclusivo, la tua reazione sarà ben diversa: penserai infatti che si tratta di un'offerta imperdibile. Quindi, per riportare questo trucco alla vita lavorativa, se ad esempio devi fare una proposta al tuo capo per richiedere il budget da stanziare per un progetto, potresti provare a presentare due preventivi: uno gonfiato (inventato o meno) e un secondo (quello reale) che sembrerà un'opzione assolutamente conveniente in confronto al primo. Sarà sicuramente più facile farti dire di sì.

Il paradosso della scelta è un altro trucco che puoi usare sul lavoro. Secondo questo principio psicologico, maggiori sono le opzioni a nostra disposizione quando ci troviamo a scegliere qualcosa e meno saremo soddisfatti della scelta che faremo. Quindi, se vuoi convincere qualcuno, magari il tuo partner, a scegliere un'opzione piuttosto che un'altra (indipendentemente se si tratta di una vacanza, di un televisore o di un divano), ricordati di limitare le opzioni a sua disposizione. Sarà più facile rendere le persone soddisfatte della loro scelta finale se fai il lavoro di selezione per loro le alternative, presentando magari la tua opzione favorita dopo altre due più scandenti per renderla più attraente, come abbiamo visto.

Il classico estremo: o bianco o nero, funziona sempre.

Ti sei mai chiesto perché il numero della tua carta di credito è diviso in gruppi di 3 o 4 cifre? Il cervello umano è in grado di memorizzare blocchi di 3 o 4 informazioni alla volta: questo significa che il tuo messaggio deve essere sempre molto strutturato e allo stesso tempo semplice per non essere dimenticato completamente nel giro di trenta secondi.

Strategie per il lavoro e la vita privata

Finalmente possiamo applicare nel quotidiano il grande bagaglio di conoscenze che abbiamo accumulato in queste pagine.

Se volessimo riassumere il senso dei discorsi fatti finora, potremmo farlo così: per convincere una persona in meno di dieci minuti con le sei armi segrete di persuasione c'è bisogno di molta pratica, molta logica, ma anche molta intuizione.

Niente che non abbiamo già trattato e che non tu non possa portare avanti da solo nel tuo quotidiano.

Sei sul tuo luogo di lavoro e vuoi spiegare un concetto, un'idea, un progetto, non basare il discorso su troppe informazioni dettagliate, ma usa analogie o storie evocative. Il marketing e la pubblicità hanno adottato magistralmente questo semplice principio, secondo il quale le persone non ricordano una catena di dati, ma immagini o metafore. Pensa anche tu ai discorsi che ti hanno colpito nella vita, magari ascoltane un paio su internet e fai caso a quali informazioni ricordi meglio. Si tratta di statistiche e percentuali o di esempi e aneddoti?

Siamo fin troppo abituati ad una cultura del lavoro (così come dello studio) basata sulla quantità, piuttosto che sulla qualità, dell'informazione. A scuola prendevamo i voti più alti se ricordavamo nei minimi dettagli la lezione di storia o la versione di latino, mentre raramente il nostro intuito o la nostra brillante performance retorica venivano premiati, anzi talvolta era considerati come una mancanza di serietà o di impegno.

Pensaci: il metodo di studio appreso tra i banchi di scuola (e anche dell'università) ci ha veramente insegnato a preparare una presentazione di successo o a tenere un discorso in pubblico con grandi risultati? Temo di no.

Per questo è necessario supplire a tale lacuna con un

metodo di apprendimento ed una strategia che siano veramente efficaci.

Innanzitutto, sul lavoro cerca sempre di identificarti con i tuoi colleghi o con il tuo manager. In che senso? Ognuno svolge un ruolo diverso all'interno dell'azienda, dell'ufficio o della scuola in cui lavori, ed è quindi ovvio che troverai certe difficoltà nel relazionarti con persone molto diverse da te. Identificarti con la persona che hai di fronte significa fare un passo indietro e mettere sempre l'altro al centro della tua attenzione, un'abitudine che dovresti ormai aver assunto anche grazie alla pratica di osservazione e ascolto attivo esercitata quotidianamente, magari annotando i risultati della tua ricerca.

Altre tattiche che potresti adottare per ottenere ciò che vuoi e convincere chi ti sta intorno sono le seguenti.

Innanzitutto, mostra decisione e giustifica le tue affermazioni fornendo un chiaro "perché" alla base della tua scelta: in questa maniera gli altri saranno più propensi ad accettare senza repliche la tua decisione.

«Devo spostarmi nella stanza più luminosa perché la webcam del computer non mi permette di visualizzare bene la mia immagine quando parlo con i clienti», tanto per fare un esempio. «Stasera non mi è possibile venire perché ho già preso appuntamento con dei cari amici di Milano con cui dobbiamo rivedere dei vecchi documenti». Verità? Menzogna? Non si sa, l'importante è saper raccontare bene i propri perché.

Le persone hanno bisogno di sentirsi rassicurate e con le parole puoi fare davvero miracoli. Il problema etico di mentire o dire la verità non si pone nemmeno, perché quello che conta è raggiungere il risultato sperato.

Per svolgere il ruolo del mediatore, colui che rassicura, non puoi permetterti in nessun momento di diventare una persona che perde il controllo, altrimenti perderai anche l'autorità che scaturisce da questa figura.

Ripeti mentalmente a te stesso l'impressione che vuoi dare agli altri e vedrai che, a furia di ripeterla, questa si materializzerà. Tu sei la persona che non perde mai il controllo, quello calmo, quello che tiene tutto e tutti sotto scacco.

Ricorda il potere della vaghezza: lascia spazio all'immaginazione altrui senza mai comprometterti, lascia che siano gli altri, proiettando sé stessi, a riempire i buchi che hai sapientemente collocato nei tuoi discorsi. In questo modo, terrai il loro subconscio sotto controllo.

Ecco di seguito una serie di tipologie caratteriali da tenere a mente quando ti trovi ad interagire per la prima volta con una persona, o che puoi utilizzare per classificare le persone che conosci già. Sapere riconoscere questi profili ti permetterà di adattare i tuoi discorsi alle esigenze della personalità del tuo interlocutore, facendo leva sui suoi punti sensibili.

Il perfezionista

A questo tipo di persona piace giudicare: questo è giusto, questo è sbagliato. Non coglie le sfumature dei comportamenti altrui, tendono ad avere un elevato senso etico, di giustizia e di meritocrazia. I perfezionisti sposano ideologie fin troppo facilmente e sono devoti all'eccellenza. Di fronte a questo tipo di persona, non c'è molto spazio per andare per il sottile: dovrai necessariamente adattarti alla loro visione del mondo, o bianco o nero, e convincerli che anche tu fai parte della fazione a cui loro accordano assoluta ragione. Dichiarare che siamo perfettamente d'accordo con le loro opinioni, ascoltarli con simulato interesse o dimostrare ammirazione, sorpresa e reverenza ti ingrazierà questo tipo di personaggio.

Il donatore (o l'altruista)

Ricorda il doppio senso della generosità: in realtà, il dono non è mai gratuito. Questo tipo di persona aiuta gli altri per sentirsi importante. In genere, il donatore ama circondarsi di persone più deboli per esercitare il suo potere, quindi di fronte a questa tipologia caratteriale dovrai simulare prostrazione, riconoscenza e gratitudine. Evita di dimostrare rifiuto e dissidenza: i donatori hanno bisogno di sentirsi dire che sono necessari, che hai bisogno di loro e, soprattutto, non tollerano la diversità. Si tratta di persone sostanzialmente insicure che hanno bisogno di essere notate e riconosciute, ma in fondo coltivano un segreto narcisismo. Complimenti e vanità sono pane quotidiano per questo tipo di personaggio, e dovrai elargirne a volontà per alimentare il loro gigantesco ego.

L'esecutore

Sono persone estremamente identificate con il loro compito nella vita, di solito il loro lavoro. Confondono le priorità e si ritengono estremamente produttivi, a volte a costo di grave stress e iperattività. Si ritengono brillanti e amano sfoggiare titoli e posizioni. La vanità è all'ordine del giorno e anche in questo caso l'elogio è la via maestra per ingraziarsi i loro favori. Non è mai una buona idea metterli a disagio tentando di alterare la loro routine, o la loro dipendenza dal lavoro. Questi individui si identificano con le proprie azioni, quindi bisogna lasciar loro lo spazio di intervento per dimostrare (anche se lo sappiamo già) che effettivamente sono così produttivi come dicono. Una volta che saremo stati testimoni delle loro azioni, entreremo automaticamente nelle loro grazie.

Il romantico

Anche detto l'artista, questo tipo di persona è un subalterno, ovvero sa di condurre un'esistenza diversa dalla media e in alcuni casi può arrivare a soffrirne, specialmente quando la compara a quella degli altri. La creatività è il valore principale di questo tipo di persona, quindi per connettersi con queste personalità, l'arte, la creatività e la sfera immaginativa sono i terreni più fertili. Grazie alla loro sensibilità alle sfumature, con questo tipo di caratteri si può affrontare la profondità senza il timore di essere giudicati negativamente.

Viceversa, è bene evitare discorsi superficiali, luoghi comuni o parlare per sentito dire. Via libera al pensiero critico, alla condivisione di esperienze, se artistiche meglio, e all'elogio dell'immaginazione.

L'osservatore

Si tratta di una personalità che tende alla saggezza, alla conoscenza e all'autosufficienza. Hanno sempre alla mano dati, informazioni e nuove idee con cui arricchire i discorsi, ma rifuggono contesti di socialità e di banalizzazione dei rapporti. L'intimità e le conversazioni profonde sono ideali per fare breccia in questo tipo di persona, e soprattutto l'ascolto attivo è una delle capacità da mettere in gioco per permettere loro di sfoggiare il loro bagaglio di conoscenza.

Meglio stare attenti al contesto del nostro discorso: evitare di interagire in grandi gruppi o in mezzo a tante altre persone, preferendo quindi situazioni intime e riservate. È necessario assecondare le esigenze di questa personalità soprattutto per quanto riguarda le modalità in cui avviene la nostra interazione.

Lo scettico

Si tratta di una personalità estremamente pessimista, ansiosa e preoccupata per ogni possibile problematica (piuttosto che con i risvolti positivi) delle situazioni in cui si viene a trovare.

Gli individui che hanno questa inclinazione caratteriale sono motivati dal sentimento della paura e quindi tendono ad avere bisogno di conforto, sicurezza e protezione. Sono queste le doti che andranno sfoderate durante una conversazione persuasiva con individui del genere.

L'ottimista

Si tratta di persone poco presenti a sé stesse, perché sempre proiettate in scenari futuri. L'ottimismo in realtà consiste in un'ansia relativa alla situazione in cui si trovano: questa tipologia di persona trarrà quindi grande beneficio da un'interazione rilassata, senza tensioni e senza aspettative. Un tono di voce calmo, l'assenza di stress da pianificazione e il concentrarsi sul momento attuale aiuteranno questa personalità ad ancorarsi alla realtà ed equilibreranno la tensione verso il futuro.

Il capo

Si tratta di una personalità estremamente categorica, che divide il mondo in forti e deboli, furbi e ingenui, vincenti e perdenti. Si tratta di caratteri estremamente trainanti, dotati di leadership e tendenti agli eccessi, sono personaggi normalmente egocentrici e a cui piace proteggere gli altri. Con questi caratteri è bene simulare debolezza, lasciarsi proteggere anche se non se ne sente il particolare bisogno. Questa dinamica infatti permette all'altra persona di dispiegare le sue caratteristiche essenziali di salvatore.

Il mediatore

Sono persone che rifuggono i conflitti. Con questa tipologia di individuo, è bene evitare a tutti i costi di mostrare opinioni forti, che potrebbero condurre anche indirettamente a conflitti o attacchi personali. Bisogna relazionarsi e impostare il discorso con estrema diplomazia, delicatezza e senza provocazioni. Per conquistarsi la fiducia di questo personaggio è necessario farlo sentire a proprio agio, addirittura chiedergli di intervenire in qualche mediazione anche se non ce n'è bisogno, in modo da coinvolgerlo su un terreno a lui familiare.

Esercizi efficaci

Prova a mettere in pratica tutto quello che hai appreso in questo libro intraprendendo una conversazione con sconosciuti: sarà molto più facile provare ad indovinare che tipo di persona hai di fronte e quindi utilizzare le tattiche di conversazione efficace quando non sai con chi stai parlando e non c'è nessun peso emotivo nella conversazione.

Un esempio di ciò, se sei un venditore e un potenziale cliente è venuto a chiederti informazioni su un certo prodotto, quello che dovresti fare dopo è salutarlo e presentarti, fargli sapere che sei disponibile a fornire le informazioni di cui ha bisogno e chiedergli quali sono gli argomenti a cui è interessato, ricorda che non è necessario promuovere insistentemente i tuoi prodotti o servizi, dedicati ad ascoltare e quando vedi che ha finito, solo allora dovrai usare le parole giuste per spiegare perché il tuo prodotto o servizio è quello giusto per la sua situazione. Forse potresti raccontare i benefici che un altro cliente ha avuto con il tuo servizio, in una situazione simile a quella del tuo cliente attuale. Finisci andando al punto, usando domande di collegamento che ti permettono di coinvolgere l'acquirente.

Un secondo esercizio potrebbe essere quello di scegliere consapevolmente lo sconosciuto da approcciare: prova a fare un'ipotesi mentale su una certa persona che osservi attorno a te, magari al bar o in piazza, e poi cerca di analizzare la persona da te prescelta per scoprire se le tue supposizioni erano vere o false. In questo modo, scoprirai se la tua capacità di leggere il linguaggio non verbale funziona o meno.

Per esempio; vedi una persona seduta nel parco a leggere un libro, mentre un cane mangia il panino che ha messo vicino a lui, così riassumi che è una persona distratta, decidi di avvicinarti e iniziare una conversazione con questa persona e lui inizia a divagare su diversi argomenti, questa situazione può essere perché il pensiero va troppo veloce o perché non ha abbastanza controllo di ciò che dice, in alcuni momenti ci sono silenzi imbarazzanti, e in altri non si sa nemmeno di cosa si sta parlando. Questo ti permette di riaffermare che questo soggetto è probabilmente distratto.

Prova anche ad ascoltarti: registra i tuoi discorsi magari

con un amico, o in una situazione a te familiare. Riesci a mettere in pratica le tecniche che hai studiato? Quanto è semplice / complesso il tuo discorso? Riesci a menzionare esempi o aneddoti sotto forma di storie interessanti? Tutti questi dettagli faranno la differenza quando ti troverai a lanciare una conversazione persuasiva in meno di dieci minuti.

Fai anche caso all'effetto che provocano le tue domande. Riesci, tramite domande aperte, a portare il tuo interlocutore esattamente dove vuoi, fare breccia nel suo mondo, indurlo a interagire con te e fargli ampliare il discorso?

Ecco un altro segreto per manipolare efficacemente il tuo ascoltatore: quando ascoltiamo una nuova idea, il nostro cervello tenderà a rilassarsi se percepisce informazioni familiari. Siamo cioè più ricettivi se le nostre credenze di partenza su un certo argomento vengono in qualche modo confermate.

Organizza perciò i tuoi discorsi in modo da confermare il più possibile le opinioni, i pregiudizi e le strutture mentali del tuo ascoltatore. Si tratta di una vera e propria rivoluzione della conversazione che avrà effetti sorprendenti.

Manipolazione virtuale

Una di queste è l'estorsione e il ricatto virtuale, che sta diventando sempre più forte sulle reti sociali.

Una storia che ha attirato la mia attenzione è quella di un uomo d'affari di 45 anni che ha ricevuto una richiesta di amicizia da uno sconosciuto, che ha quasi finito per rovinare la sua vita. Si trattava di una donna molto bella, che contattò l'uomo attraverso il social network, nel suo profilo non aveva nulla di sospetto, sembrava normale, così l'uomo decise di accettare la sua richiesta, in quel momento iniziarono a scambiarsi messaggi, ma dopo qualche giorno la donna gli inviò un video che era stato modificato, al fine di comprometterlo in una situazione molto delicata, confessando che era tutto un ricatto.

Dopo, la donna gli ha chiesto 500 dollari se voleva evitare la divulgazione del video, l'uomo ha rifiutato, ma l'estorsore ha continuato ad insistere per divulgare questo video e distruggere la sua reputazione.

L'uomo ha immediatamente cancellato e bloccato la donna dai suoi amici, ma questo ha solo reso la donna più motivata e il giorno dopo ha iniziato a ricevere messaggi sul suo WhatsApp; l'uomo ha ignorato questa situazione ed effettivamente non avendo la risposta che voleva, la donna ha reso pubblico il video.

Lui ha subito contattato la polizia e denunciato l'accaduto, ma purtroppo questi casi tendono ad essere molto lunghi e spesso inconcludenti; ha anche denunciato l'account di questa donna, che dopo pochi giorni è stato rimosso dal social network, ma non essendo ancora soddisfatta di ciò che aveva fatto, si è creata un altro profilo pubblicando nuovamente il video, danneggiando l'immagine della vittima.

Come ultima soluzione, l'uomo ha chiesto aiuto ai suoi conoscenti, chiedendo di segnalare il video appena lo vedevano pubblicato da qualche parte, e così è stato. In questo modo dopo diversi mesi è riuscito a porre fine a questo incubo.

Questa estorsione si basava sulla minaccia alla vittima di trasformarlo in un pedofilo agli occhi dei suoi conoscenti e amici in una delle piattaforme sociali con più utenti al mondo.

Oggi uno dei metodi di manipolazione più utilizzato è quella virtuale. Si tratta della nuova frontiera della persuasione, e può svolgersi secondo diverse modalità. Dal punto di vista del manipolatore, il mezzo virtuale è senz'altro conveniente: permette infatti di penetrare in estrema profondità nella privacy di una persona, praticamente a costo zero.

Pensiamo alle esperienze (tutt'altro che auspicabili) dello stalking o dell'estorsione e a quanto una semplice ma costante presenza virtuale, tramite messaggi, Whatsapp, e-mail e social media, possa diventare un vero e proprio incubo psicologico.

Naturalmente, per difenderci da questo tipo di esperienze dobbiamo ricordare che abbiamo il potere di bloccare la ricezione di messaggi da parte di persone che non gradiamo, anche se non è sempre così semplice. Molto spesso la manipolazione si distribuisce nel tempo e questo fa sì che sia estremamente difficile riconoscerla come tale, almeno all'inizio.

Sperando naturalmente di non trovarci mai nella situazione di essere vittime, buona norma è approcciarsi al mezzo virtuale con estrema attenzione: filtrare sempre in entrata i messaggi graditi e quelli non graditi.

Invece, per esercitare controllo sulle persone attorno a noi, possiamo utilizzare il metodo virtuale come una sorta di rinforzo del nostro potere: ignorare messaggi quando vogliamo mantenere l'altra persona in uno stato di dipendenza, dilazionare le nostre risposte nel tempo (anche di svariati giorni) per mantenere la superiorità psicologica e, soprattutto, ricordarci che siamo sempre noi i padroni degli strumenti tecnologici a nostra disposizione (e mai il contrario).

Infatti, tendiamo spesso a considerarci vittime di chiamate, e-mail e catene Whatsapp, dimenticando invece che possiamo (e dobbiamo) essere noi a mantenere il controllo.

Il distacco dalla tecnologia è una grande opportunità per esercitare la nostra capacità di essere padroni di noi stessi, è anzi la principale strategia di manipolazione di massa del nostro tempo, ed essere indipendenti da questo tipo di persuasione globale è un grande vantaggio.

Allenati a passare del tempo senza gli stimoli che provengono da internet: ti accorgerai di essere più a contatto con i tuoi pensieri, un'arma che devi sfruttare a tuo favore.

Anche sul lavoro possiamo organizzare il nostro tempo sulla base di questo principio: non rispondere prontamente a richieste altrui è molte volte un'ottima strategia per stabilire dei confini e delineare una zona di influenza sugli altri.

6

LA FAMIGLIA DI CHARLIE: UN CASO DI MANIPOLAZIONE MALVAGIA

La storia è piena di grandi esempi manipolazione mentale purtroppo per la maggior parte di essi l'esempio è fortemente negativo.

Infatti, non è raro leggere le storie di leader politici e dittatori che hanno usato manipolazione mentale per influenzare le persone più deboli e spingerle a fare quello che loro consideravano il lavoro sporco. Pensiamo per esempio ai discorsi di Adolf Hitler o di Benito Mussolini, o anche a quelli di Donald Trump. si tratta di discorsi infarciti di slogan e di molta retorica e che puntano tutti a una direzione: far credere alle persone di essere in una sorta di guerra: noi contro loro.

È facile trovare i motivi che spingono questi leader a scegliere un approccio del genere per i loro discorsi. Le persone hanno la tendenza a schierarsi, a tifare per una parte o per l'altra, e loro adorano sentirsi dalla parte del giusto. Chi riesce ancora adesso a usare questa strategia nel modo corretto non avrà sicuramente grosse difficoltà a costruirsi un grosso seguito e, in alcuni casi, a potersi permettere di delegare il lavoro sporco.

Un perfetto esempio di manipolazione mentale da

cronaca nera è la storia di Charles Manson e della sua Family, recentemente tornata agli onori della cronaca dopo il film "C'era una volta a Hollywood" di Quentin Tarantino.

Charles Manson è stato un uomo decisamente controverso, simbolo del male per tantissime persone. Un uomo pieno di carisma che è riuscito a ideare e a realizzare uno dei crimini più efferati dello scorso secolo senza nemmeno avere bisogno di sporcarsi le mani.

Come ha fatto? Con la manipolazione mentale compiuta nel corso del tempo ai danni dei suoi adepti.

Manson nasce nel 1934 a Cincinnati, in Ohio. La sua infanzia è pessima. Il padre biologico si allontana dalla famiglia subito dopo la sua nascita e la madre, Kathleen Maddox, si barcamenava tra lavoretti, relazioni occasionali violente e, in generale, in una vita spericolata. Charles, che cresce in questo ambiente molto degradato e non certo adatto a un bambino, sviluppa dei lati del suo carattere che gli sarebbero poi tornati molto utili in seguito: sa mentire, capisce subito cosa dire alle persone per guadagnare la loro fiducia, ha scatti d'ira improvvisi e gli viene dannatamente naturale rubare e compiere crimini senza il minimo rimorso di coscienza.

Charles inizia a entrare e uscire di prigione sin dall'adolescenza e dietro le sbarre riesce a perfezionare i suoi talenti di manipolatore, assieme alla sua sete di violenza. La vita dietro alle sbarre non è bella, e negli anni '60 lo è anche meno. Una delle poche passioni "sane" di Charles è la musica. Lui adora i Beatles e sogna di collaborare con loro. Manson scrive canzoni e impara a suonare la chitarra e forse sembra aver trovato la sua strada nella vita.

Ma è un fuoco di paglia e nel 1967 Manson esce di carcere a San Francisco in quella che sta per diventare la "Summer Of Love", l'estate dell'amore libero. Un terreno ideale per un manipolare. In breve, Manson raduna attorno a sé dei giovani sbandati, spesso arrabbiati con il mondo o con il cervello confuso dalle droghe. Prede perfette per un manipolatore e bugiardo come Manson, che diventa il loro leader, una specie di reincarnazione di Cristo.

Manson crea una rete di spaccio e predica l'amore libero nella sua comunità, la Family, e riesce anche a diventare amico di Dennis Wilson dei Beach Boys, gruppo musicale molto popolare. Ma le cose non vanno come Manson sperava (entrare nel mondo della musica dalla porta principale) e Charles giura vendetta, attuando un piano che aveva in mente da molto tempo. Manson da ordine ai suoi seguaci più fidati di fare irruzione nella villa abitata da Terry Melcher (produttore discografico che lo aveva scartato) e di uccidere tutti. Adesso ci abitano Roman Polansky e la moglie incinta Sharon Tate. Roman è in Europa per lavoro e Sharon quella sera ha invitato degli amici.

Gli adepti di Manson uccidono tutti in modo selvaggio mentre Charlie resta in macchina ad aspettare. Ha fiducia nei suoi sottoposti, li ha manipolati alla perfezione e fanno tutto senza fiatare, anche uccidere. L'omicidio sconvolge la nazione ma è solo l'inizio e il giorno dopo la Family uccide altre due persone.

Ma qui si rompe qualcosa nella manipolazione mentale di Manson. Alcuni membri della family iniziano a capire cosa sta succedendo e se ne vanno. Alcuni di loro vengono arrestati e Manson inizia ad avere paura. Forse ha capito di aver fatto il passo più lungo della gamba e non riesce a manipolare come prima. Doveva essere l'inizio della sua fortuna e invece gli omicidi sono stati l'inizio della sua fine.

Qualcuno confessa e alla fine Manson e quel che resta della Family vengono arrestati e processati. Nel processo Manson riesce in qualche modo a recuperare parte del suo ascendente sui suoi fedelissimi, che cercano di scagionarlo, ma tutto questo non basta e Manson e i membri della Family responsabili degli omicidi vengono condannati all'ergastolo.

Ma come è possibile che dei ragazzi vengano convinti così facilmente a compiere degli omicidi, a fare il lavoro sporco?

Manson aveva imparato alla perfezione in prigione le tecniche di manipolazione mentale (assieme a un indubbio talento nel mentire e nel crimine in generale) e le aveva messe in atto nel terreno più fertile possibile, quello dei ragazzi confusi e senza una guida e che lo avevano trasformato nel loro santone. Era facile per Manson spingere queste persone a fare quello che voleva lui, a creare il "noi contro loro" necessario per cementare la loro fedeltà nei suoi confronti, ma quando il mondo gli ha detto che non era assolutamente speciale è impazzito e ha perso il controllo.

Prima ha fatto il passo più lungo della gamba con gli omicidi e poi non ha saputo mantenere il controllo sui suoi sottoposti.

Manson ha saputo approfittare di un momento a lui favorevole, ma è molto difficile manipolare per lungo tempo. Prima o poi la corda si spezza e il primo fallimento è l'inizio della fine per ogni manipolatore.

Anche Tex Watson, uno degli esecutori materiali degli omicidi è arrivato alla conclusione che Manson era solo un manipolatore sadico e ha chiesto scusa per la sua parte negli omicidi. Cosa lo ha portato a obbedire alla richiesta di uccidere a sangue freddo una donna incinta che non gli aveva fatto nulla?

Tex, che adesso ha abbracciato la fede, si è assunto la piena responsabilità degli omicidi commessi e ha detto che Manson poteva manipolare, ma la colpa è stata sua per avergli permesso di farlo. Manson ha intercettato un bisogno di affetto e di sfogare rabbia represso in Tex e lo ha sfruttato per i suoi scopi.

Ecco quindi un perfetto esempio di manipolazione mentale, che ha portato dei ragazzi confusi a diventare spietati assassini e a morire in prigione, ha causato la morte di persone innocenti in modo orribile e ha permesso al mandante degli omicidi di diventare una sorta di icona pop.

Si potrebbe quasi dire che la manipolazione di Charles Manson stia continuando ancora oggi.

7

QUALI MANIPOLAZIONI MENTALI SUBIAMO DALLA SOCIETÀ: ESSI VIVONO

Nel 1988 uscì nelle sale cinematografiche americane "Essi Vivono" (Titolo originale "They Live"), scritto e diretto dal leggendario regista John Carpenter e interpretato dal famoso wrestler "Rowdy" Roddy Piper. Nel film il personaggio di Piper (un uomo comune di nome John Nada) trova un paio di occhiali da sole che gli permettono di vedere il vero volto della società e una serie di messaggi subliminali (come la scritta "This is your God" sulle banconote). Nada proverà ad avvertire delle persone di quello che sta succedendo ma non tutto andrà secondo i piani.

Il film fu un buon successo al botteghino anche se, come altri film di Carpenter, venne rivalutato successivamente in positivo e il suo messaggio è ancora oggi attualissimo.

La società infatti non ha mai smesso di manipolare la mente delle persone in tutto questo tempo e anzi, la situazione è sempre più complicata.

Immagina quella che viene definita una persona di successo nella società moderna: un uomo (o una donna) con un bel lavoro (possibilmente con un ruolo di responsabilità, guai a scegliere un lavoro manuale), che indossa bei vestiti (evitare come la peste quelli economici), guida una macchina nuova fiammante e può fare tutto quello che vuole. Questo tipo di persona viene considerato un vincente e si tratta del modello a cui aspirano molti giovani.

E che dire del percorso di studi? Una bella scuola che possa dare un'infarinata generale, poi l'università, specializzazione, stage, e poi il tuo lavoro in ufficio dove il boss ti chiederà di fermarti spesso e volentieri a fare degli straordinari. Pensaci bene, chi non è laureato viene considerato meno intelligente e meno autorevole e non ha le stesse occasioni di chi invece si è laureato, anche se può essere più brillante di decine di laureati. Del resto, la storia è piena di persone che hanno avuto successo senza aver finito il college, ma la narrazione della società tende a ignorarli.

Poi basta solo vedere quello che viene trasmesso in Tv e dalle pubblicità per capire la manipolazione che viene messa in atto dai media. Pensa alle pubblicità di vestiti o auto, o anche del cibo. Famiglie felici, due figli (rigorosamente maschio e femmina), modelli e modelle perfetti e un messaggio subliminale: se vuoi essere felice devi essere come loro.

Questo non è solo marketing per vendere, ma è anche una manipolazione mentale che manda un messaggio molto chiaro: se vuoi essere come loro (felice e di successo) devi assolutamente comprare quel prodotto.

Ma forse la più grande manipolazione che avviene oggi nella società è quella legata ai social media. I vari influencer stanno effettuando un grosso lavoro di manipolazione mentale (spesso inconsapevole, ma anche consapevole) degli utenti, creando emulazione e spingendo tante altre persone a credere che il loro stile di vita sia perfetto e che apparire sia l'unico modo di esistere. Ho davvero i brividi quando vedo delle tavolate di amici in un ristorante e tutti sono fissi sullo schermo del cellulare piuttosto che parlare tra di loro, tutti immersi in un mondo virtuale, che non esiste, e dove a pochissimi interessa davvero di loro, ma dove possono dare sfogo a tutte le loro frustrazioni.

Questi però sono delle manipolazioni che possono anche essere considerate "innocue" (anche se Pasolini aveva già messo in allarme la popolazione sui rischi dei mass media e sul fatto che chi appare in televisione sia immediatamente più autorevole di altri). Il vero rischio della manipolazione nei nostri tempi è quello delle fake news e di tutti i problemi che possono generare.

Sul web si può scrivere tutto e il contrario di tutto, con il risultato di non riuscire più a capire quale sia la verità e dove inizi la manipolazione. Ci sono partiti politici (e leader) che basano la gran parte del loro successo su fake news e sulla distorsione della realtà e con questa manipolazione (dicono alla gente quello che vogliono sentirsi dire, li deresponsabilizzano o trovano un "nemico" a cui dare la colpa di qualsiasi cosa) riescono a raggiungere un grande potere (per esempio Donald Trump in America). Conta poco se poi questi leader si rimostrano inadatti a portare a compimento quello che hanno detto. In questo caso basta solo trovare qualche altro capo espiatorio e il gioco è fatto.

Senza contare il fenomeno della dissonanza cognitiva. È il processo mentale che accade quando si crede in qualcosa (in questo caso a quello che dice un politico) e poi si rende conto che tutto quello in cui credeva è sbagliato. Ha votato un politico che prometteva un grandissimo taglio delle tasse ma non è arrivato e anzi, le tasse non fanno che aumentare sempre più.

In questo caso è facile arrivare alla conclusione che quel politico ha mentito o che non è stato in grado di realizzare le sue promesse. Molti di quelli che lo hanno votato non lo rivoteranno sicuramente alla prossima tornata elettorale.

Molti, mentre altri cadranno vittima della dissonanza cognitiva.

Per farla breve, si tratta di un "meccanismo di difesa" (se si vuole considerarlo così) del cervello che, letteralmente, rifiuta l'idea di aver sbagliato e di essersi fatta convincere da false promesse o dalla manipolazione. Si accusano "i governi precedenti", o i "poteri forti", oppure si mettono in evidenza le vittorie (vere o presunte) invece dei fallimenti, anche a costo di creare una narrazione che non esiste.

Anche questa è una manipolazione mentale che viene attuata dai media, che hanno capito il fenomeno e come sfruttarlo a loro vantaggio, celebre è il caso della cospirazione di QAnon e del Pizzagate.

Il caso di QAnon è emblematico in questo senso. Si può dire tutto di Donald Trump (come imprenditore, personaggio pubblico e politico), ma la sua popolarità è in costante calo, complice anche una serie di decisioni impopolari. E nasce QAnon, una gigantesca teoria del complotto che mette in mezzo l'opposizione, pedofili, ebrei, poteri forti e tantissime altre cose e che dipinge Trump come unico salvatore del mondo e che aspetta solo il momento giusto per arrestare tutti. Solo che il momento giusto non arriva mai e i sostenitori di Trump devono aggiungere altri elementi alla cospirazione per farla stare in piedi, come il Pizzagate. Una pizzeria di Washington che sarebbe stata usata come copertura per una rete di pedofili che faceva capo a Hillary Clinton.

Una bufala, ovviamente, ma che ha continuato a espandersi nel web per molto tempo, fino a quando un uomo di nome Edgar Welch ha fatto irruzione armato nel locale per "liberare i bambini imprigionati" e non ha trovato nulla

Risultato? Edgar condannato a quattro anni di prigione e a un risarcimento da più di cinque milioni di dollari al locale. Eppure, Edgar non ha mai rinnegato pubblicamente il Pizzagate e tanti credono ancora che la teoria sia vera pur di non dover ammettere di aver sbagliato e di essere stati presi in giro.

Che sia il segnale che la manipolazione mentale ormai ha raggiunto il suo scopo?

8

DIFENDERSI DALLA MANIPOLAZIONE SUI SOCIAL

Ormai gran parte della comunicazione avviene attraverso i social media, sia a livello personale che come marketing e pubblicità. Si è già abbondantemente parlato dei pericoli della manipolazione sui social ma è possibile riconoscerle in anticipo e difendersi?

Si, è possibile, e potrebbe essere molto più semplice di quanto pensi.

La prima cosa da fare è capire bene come funziona la pubblicità sul web. Quando si naviga si lasciano delle "tracce" del proprio passaggio e diversi siti raccolgono queste tracce (che puoi lasciare anche in modo consapevole, per esempio accettando le condizioni per usare una App o per fare un test, o dopo aver cliccato su un banner pubblicitario) e vendono questi dati alle agenzie di marketing, che possono stilare un profilo dei tuoi interessi e proporti cose che, a livello teorico, possono piacerti.

Ecco perché ti appaiono sempre pubblicità di università online dopo che hai cliccato su quel banner pubblicitario, o sui social ti appaiono delle pubblicità che sembrano fatte su misura per te. Sono le tracce che hai lasciato a permettere questa cosa e non è raro che questi dati vengano venduti ad agenzie di comunicazione e usati per creare campagne pubblicitarie e campagne elettorali su misura. Apprezzi dei contenuti di un politico in particolare?

Ecco che, come per magia, sarai sempre aggiornato su quello che fa e verrai a contatto con altri contenuti di quel tipo.

Quindi stai attento alle tracce che lasci online, perché è molto probabile che saranno usate contro di te. Impara quindi a fare molta attenzione a che siti visiti e a dove clicchi perché è facile che quelle informazioni vadano in mano a diverse persone che ne potranno fare un uso sbagliato.

E invece come è possibile difendersi dalle fake news?

Per prima cosa mantieni la calma. Diverse notizie e contenuti fasulli sono studiati per suscitare una reazione immediata nell'utente. L'azione può essere un commento o una condivisione e ottiene l'effetto di dare ulteriore visibilità alla notizia, diffondendola nel web.

Quindi non agire mai d'impulso quando vedi un contenuto che riesce a creare una reazione, ma rileggilo e inizia la tua opera di verifica della credibilità di quello che hai letto.

Infatti, tantissime notizie sono solo fake news create ad hoc per manipolare le persone e sfruttare delle debolezze o un generale momento di insicurezza generale, con lo scopo di "avvelenare i pozzi" e di portare click e visite a siti o consenso a delle persone.

Bisogna sempre cercare di verificare la fonte originale della notizia e stabilirne l'autenticità, risalendo al primo sito che l'ha postata. Ha una buona reputazione oppure è considerato da tutti solo come spazzatura? Se il sito non è credibile allora molto probabilmente è una fake news.

Cerca anche su Google altre versioni della notizia o

ricopia il titolo aggiungendo anche "Fake News" nella query di ricerca e controlla i risultati.

Allo stesso modo le foto nella notizia possono tranquillamente essere immagini fuori contesto, datate o oggetto di fotomontaggio. Google ha un buon motore di ricerca delle immagini che puoi usare per verificare in prima persona se la foto è vera e in che contesto è stata scattata.

Quindi cosa bisogna fare se ci si imbatte in una palese fake news?

Un suggerimento corretto è quello di ignorarla, senza commentarla in nessun modo e quindi evitare di darle visibilità. È anche importante segnalare la notizia falsa al social che la ospita e anche alla pagina (a meno che non sia una pagina che pubblica fake news) o all'utente che l'ha postata, in modo che possa eliminarla.

È utile cercare di effettuare un debunking della fake news? Personalmente credo di sì, ma è molto difficile far cambiare idea alle persone dopo un lavoro di manipolazione efficace come una serie di fake news. Sarà molto difficile che qualcuno ammetta di aver commesso un errore e cambi la sua opinione, ma è una battaglia che vale la pena combattere per resistere alla manipolazione a cui siamo sottoposti ogni giorno.

9

CONCLUSIONI

Contrariamente a quanto potremmo pensare, la mente umana non è solo ed esclusivamente razionale, e se non prendiamo atto della natura inconscia della comunicazione, anche il miglior discorso sarà destinato a fallire miseramente. La logica che sottende l'ascolto, l'azione, e per certi versi, la vita, non è necessariamente lineare, e se sei tra le persone che avevano fiducia al cento per cento nel potere della razionalità, forse ora che sei arrivato a questo punto del libro avrai cominciato a capire che esiste un potere segreto nascosto nelle tue parole.

Contribuiscono molte dinamiche psicologiche dietro la scelta di dire di sì o dire di no, e, come manipolatori, conoscerle ci permette di riorganizzare i nostri discorsi in maniera efficace.

Viviamo in un mondo dominato dal metodo scientifico, dalla misurabilità e dall'ideale della giustizia. Avevamo aperto il nostro libro con la dichiarazione di quanto in realtà la teoria di un mondo giusto fosse poco realistica, ipotizzando quindi che il mondo in cui viviamo sia molto più complesso. La nostra mente ama le semplificazioni:

questo è giusto, questo è sbagliato, io ho ragione, tu hai torto.

Eppure, dopo questa lettura, si spera di aver fatto luce almeno su un dato fondamentale, e cioè che ogni individuo vive in un universo mentale in cui qualcosa considerato sbagliato da qualcuno è assolutamente accettato come valido da qualcun altro.

Il tuo lavoro di manipolatore consiste in nient'altro che questo: scoprire il vocabolario mentale del tuo interlocutore e adattare il tuo discorso di conseguenza. Naturalmente, per fare ciò esistono delle strategie efficaci e qui ne hai trovate molte. Ma c'è anche una parte di improvvisazione, che non si può pianificare, ed è quello che si verifica durante una interazione comunicativa: il bello delle relazioni è che sono solo in parte prevedibili. Quindi per assicurarti il successo dei tuoi discorsi persuasivi, non ti resta da fare che un'unica cosa: iniziare a provarci!

Solo l'esperienza di comunicatore, oratore e consigliere potrà fornirti la disinvoltura sufficiente per poter lanciare le tue idee direttamente verso il successo. Parla tanto, parla con tutti, con persone di ogni categoria sociale, culturale ed economica. Il tuo bagaglio umano deve essere ampio, e solo così non avrai più timore del confronto con gli altri, ne conoscerai i segreti e sarai in grado di prevenire attacchi manipolativi esterni. Piuttosto, è auspicabile che sia sempre tu la persona che detiene il potere in una relazione, e per farlo devi detenerlo innanzitutto su te stesso.

Fatto questo, la tua energia sarà così magnetica che dirti di no sarà praticamente impossibile: buon lavoro, e non dimenticare che ogni parola possiede il grande potere di cambiare il mondo esterno ma anche quello interno. Le parole modellano la visione del mondo di chi le pronuncia, ma soprattutto, di chi le ascolta. Solo in pochi esercitano veramente questo potere, e di certo non saranno loro a condividere con te i segreti dell'arte della persuasione.

Se questa lettura ti è servita, quindi, consigliala ai tuoi amici o familiari, e aiutali a proteggersi contro manipolazioni esterne o a diventare padroni della propria vita, proprio come te.

RINGRAZIAMENTI

Ti ringrazio per la fiducia e per la lettura di questo libro. Se ti è stato di aiuto ti chiedo gentilmente di visitare il sito in cui è stato comprato e lasciare una recensione.

Il tuo feedback è importante per me e potrà aiutare gli altri lettori a prendere una decisione.

ALTRI LIBRI DI PIETRO MORETTI

Psicologia Oscura:

Come Analizzare le Persone e Decifrare la loro Mente Attraverso 7 Tecniche Segrete di Persuasione e Psicoanalisi Comportamentale

ATTENZIONE: leggendo quello che segue potresti imbatterti in verità scomode e affermazioni forti che potrebbero urtare la tua emotività. Continua a leggere solo se sicuro di metterti in gioco.

Con la psicologia oscura d'altronde non si scherza. Nell'ultimo periodo sta destando parecchio interesse in tutto il mondo ma le informazioni in circolazione sono scadenti.

La verità è che la Psicologia Oscura è un metodo di manipolazione, chiunque la applichi è per definizione un manipolatore e un impostore, nei peggiori dei casi anche un criminale o qualcuno che intende fare abuso della tua mente.

Certo, a volte i confini tra una persona normale e uno psicologo oscuro possono confondersi.

Ed è anche possibile manipolare gli altri per ottenere una giusta vendetta o per la difesa personale.

Tuttavia, non perdiamoci in un mare di relativismo e siamo realistici.

Alcune persone sono "più oscure" di altre e manipolano molto più di altre. Ed è anche vero il contrario: alcune persone hanno valori ed etica più forti e puoi aspettarti in modo più affidabile che siano onesti ed equi.

Il punto principale è: a quali delle due categorie di persone appartieni tu? E le persone che frequenti?

È fondamentale rispondere a queste domande perché le informazioni che troverai in questo libro supereranno a tratti i confini dell'etica e influiranno nelle tue relazioni.

Starà a te decidere se in modo positivo o negativo.

Una volta che avrai fatto chiarezza su questi punti sarai pronto per leggere "***Psicologia Oscura***: *Come Analizzare le Persone e Decifrare la loro Mente attraverso 7 Tecniche Segrete di Persuasione e Psicologia Comportamentale*" di **Pietro Moretti**.

Qui sotto trovi alcuni degli argomenti che verranno trattati all'interno del libro:

• La strategia per far germogliare una nuova credenza nella mente del tuo interlocutore e farla crescere fino a trasformarla in una convinzione

• Leggere una persona e i suoi pensieri senza che abbia proferito parola

• Il metodo che ti consentirà di controllare la conversazione senza che chi ti sta ascoltando se ne accorga

• Come svolgere metà del lavoro nei primi 4 secondi della conversazione

• Il meccanismo per costringere una persona a fare qualcosa (non è il ricatto)

… e molto altro!

Clicca sull'immagine sopra e accedi subito al libro in grado di farti conoscere le VERE tecniche di psicologia oscura, senza filtri e senza essere annacquate dall'etica comune.

Manuale del Linguaggio del Corpo:

11 strategie esclusive per analizzare i segreti delle persone attraverso la comunicazione non verbale. Semplici tecniche pratiche per decifrare espressioni e gesti

<u>Hai qualcosa da nascondere?</u>

Ammettilo…

Almeno una volta nella vita hai mentito al tuo partner, ai tuoi amici o al tuo capo..

Magari avevi fatto qualcosa che non dovevi fare oppure era una bugia innocente

e probabilmente, mentre la dicevi, i movimenti del tuo corpo e le micro-espressioni del tuo viso stavano lasciando trasparire ciò che stavi pensando veramente.

Eppure, nessuno si è mai accorto di niente… Perché?

Devi sapere che solo lo 0,01% delle persone sa esattamente come **decifrare il linguaggio segreto del corpo**, quello che non mente mai anche se ti stanno nascondendo la verità.

Ed ora immagina quanto sarebbe diversa la tua vita se avessi la capacità di riconoscere con certezza se qualcuno ti sta mentendo solamente guardando <u>il suo viso</u>, <u>la sua postura</u>, il movimento delle sue <u>mani</u> e dal <u>tono di voce</u> utilizzato per esprimere le sue parole.

Grazie alle 11 Strategie per analizzare i segreti delle persone documentate in questo libro avrai a disposizione un vantaggio "sleale", imparerai a comprendere gli altri con un'abilità autentica <u>fuori dal comune!</u>

In questo libro ti renderai conto immediatamente dell'impatto emotivo di un tuo comportamento e potrai conoscere in tempo reale se i tuoi argomenti e le tue azioni sono gradite al tuo interlocutore o se invece **suscitano rifiuto o tensione**!!

Imparerai ad utilizzare il linguaggio non-verbale per influenzare gli altri, per <u>diventare un maestro della seduzione</u> e per <u>trasformarti nel leader</u> indiscusso del tuo gruppo di amici o di una riunione di lavoro.

Nessuno potrà più ingannarti, mentirti o resistere al tuo carisma!

All'interno di questo libro scoprirai:

• Quali sono le **5 trappole emotive** dei mentitori seriali e come individuarle

• I **6 Segnali Negativi** da evitare grazie ai quali potrai sviluppare una Comunicazione Persuasiva e Carismatica (che il 92% delle persone <u>sottovaluta</u>)

• Il comportamento "banale" per suscitare **simpatia** e connessione mentale con il tuo interlocutore, senza che se ne accorga!

• Come trasmettere il giusto messaggio e proiettare **una prima impressione indimenticabile** decifrando i movimenti ed i gesti involontari di occhi, mani e postura…

- Come **trasformare il linguaggio non-verbale** nel tuo migliore alleato grazie a 13 semplici aspetti da scongiurare

- L'unica traccia evidente a cui devi prestare attenzione per capire se **ti stanno mentendo** (NO, non è lo Sguardo!)

- e molto altro ancora!

Anche se non sai interpretare i segnali del linguaggio del corpo (anche quelli più scontati), all'interno troverai **tecniche, esempi ed esercizi pratici** che ti trasformeranno in un maestro della comunicazione.

Quindi se vuoi scoprire come analizzare le persone, così da poter agire di conseguenza e migliorare ciò che il tuo corpo trasmette, clicca su "Acquista Ora" ed ottieni il manuale per servirti di queste strategie in maniera **efficace**

Influenzare la conversazione a tuo vantaggio non sarà più un segreto!

Il linguaggio del corpo **NON MENTE MAI**, impara a decodificarlo oppure continua a farti ingannare dagli altri, a loro piacimento!

Intelligenza Emotiva

Trasforma il Pensiero Negativo e Governa le Emozioni attraverso 5 Semplici ed Efficaci Regole per la Vita

Quante volte ti è capitato di prendere decisioni di cui ti sei pentito?

Quante volte invece hai agito in modo impulsivo, senza riflettere su ciò che stavi facendo?

E ancora… quante volte, in una situazione di conflitto, non hai avuto il controllo della situazione?

Immagina tutti i momenti in cui ripensando a freddo ad una qualsiasi vicenda vissuta hai pensato dentro di te:

"Avrei dovuto dire questa cosa…"

"Se solo fossi stato pronto"

"Se avessi agito in un altro modo sarebbe cambiato tutto…"

Magari, pensando a frasi del genere, provi anche un profondo rimorso unito all'incognita di quello che sarebbe potuto succedere.

Per quale motivo in questo genere di situazioni non hai pieno controllo di ciò che fai e ciò che dici?

Come probabilmente avrai già intuito i fattori che influenzano le nostre azioni in particolari momenti sono le emozioni.

Noi esseri umani siamo completamente soggiogati dalle emozioni e a tal riguardo non possiamo farci praticamente nulla… o forse possiamo?

In realtà c'è un modo per conoscere e controllare le proprie emozioni. Un modo per potersi auto motivare ed entrare in empatia con le altre persone.

La soluzione è sviluppare la tua intelligenza emotiva.

I rivoluzionari studi di Daniel Goleman aprirono gli occhi al mondo intero su come esistano diversi tipi di intelligenze, tra cui quella emotiva. Quella in grado di controllare le proprie emozioni e percepire quelle degli altri, creando relazioni più solide e durature nelle sfere affettive, lavorative e sociali.

Allenare la propria intelligenza emotiva ad oggi è quindi fondamentale se vuoi finalmente avere controllo su qualsiasi tipo di situazione ti possa capitare, oltre che a migliorare le relazioni con i tuoi colleghi e con i tuoi cari.

Per questo motivo, se vuoi intraprendere questo tipo di percorso, hai bisogno di leggere ed applicare le informazioni UNICHE contenute in questo libro.

Ecco una piccola anteprima di quello che troverai all'interno:

• I 5 pilastri fondamentali senza il quale non potrai mai sviluppare la tua intelligenza emotiva

• L'unico criterio su cui si basa la vita sociale sconosciuto alla maggior parte degli adulti

• I 3 step essenziali per sviluppare il pensiero positivo

• Il metodo per migliorare la tua relazione di coppia

• Le 5 domande da porti per evitare scelte emotivamente errate

• 10 esercizi che puoi fare fin da subito per sviluppare la tua intelligenza emotiva

• Gli effetti collaterali del non riconoscere le proprie emozioni

• Il motivo per cui conoscere le emozioni sarà la chiave del tuo successo in ambito personale e professionale

• e molto altro ancora...

Alla fine del libro troverai inoltre come BONUS il "Boston EI Questionnaire", il test che ti farà comprendere qual è il tuo livello di intelligenza emotiva!

I contenuti sono strutturati per far sì che il lettore intraprenda un percorso che porti risultati concreti. Questo libro è quindi ottimo anche per coloro che non hanno mai sentito parlare di intelligenza emotiva e che credono di non poter migliorare la propria situazione.

Clicca sull'immagine in alto e acquista "*Intelligenza Emotiva*" per dominare le tue emozioni e instaurare relazioni migliori!